Ullstein

ÜBER DAS BUCH:

Was ist das eigentlich – übersinnlich? Was bedeuten Begriffe wie Automatisches Schreiben, Astralleib, Akupressur, Bach-Blütentherapie oder Biofeedback? Dieses übersichtliche und unentbehrliche Nachschlagewerk erklärt die wichtigsten Begriffe der Esoterik, Parapsychologie und des New Age. Es sind Wörter, die ein neues Bewußtsein und einen neuen Zeitgeist verraten: Die Menschen fühlen sich hingezogen zu altem Wissen und zu neuen Wegen der Selbstfindung und Heilung. Die Autorin begleitet den Leser durch die faszinierende Welt übersinnlicher Phänomene und nennt Ansprechpartner und zusätzliche Informationsquellen, die dieses einzigartige Leselexikon abrunden.

DIE AUTORIN:

Anita Höhne ist Sachbuchautorin und schreibt seit Jahrzehnten über Grenzgebiete der Medizin. Ihre Arbeit als Mitarbeiterin der Abendzeitung bringt sie ständig in Kontakt mit aktuellen Entwicklungen auf diesen Gebieten. Das vorliegende Buch ist deshalb auch in weiten Teilen Reportage: ein authentischer Bericht über Selbsterlebtes.

Weitere Veröffentlichungen (u. a.):
Schönheitstees (1994); *Heiltees* (1994); *Geistheiler heute* (1995).

ANITA HÖHNE

Lexikon des Übersinnlichen

Parapsychologie, Esoterik und New Age

Ullstein

Esoterik
Ullstein Buch Nr. 35656
im Verlag Ullstein GmbH,
Frankfurt/M – Berlin

Ungekürzte Ausgabe
Mit zahlreichen Abbildungen

Umschlagentwurf:
Vera Bauer
Unter Verwendung einer
Abbildung von G+J / Photonica / Valerie Gates

Taschenbuchausgabe mit freundlicher
Genehmigung der F. A. Herbig Verlagsbuchhandlung
GmbH, München

Printed in Germany 1996
Gesamtherstellung:
Ebner Ulm
ISBN 3 548 35656 7

Oktober 1996

Die Deutsche Bibliothek – CIP-Einheitsaufnahme

Höhne, Anita:
Lexikon des Übersinnlichen : Parapsychologie, Esoterik und
New Age / Anita Höhne. – Ungekürzte Ausg. – Frankfurt/M ;
Berlin : Ullstein, 1996
(Ullstein-Buch ; Nr. 35656 : Esoterik)
Lizenz der Herbig-Verl.-Buchh., München
ISBN 3-548-35656-7
NE: HST; GT

Vorwort

Was ist das eigentlich – übersinnlich? Was bedeuten Begriffe wie ASW, Automatisches Schreiben, Astralleib, Akupressur, Bach-Blütentherapie, Biofeedback? Was versteht man unter Channeling, Rebirthing, Reinkarnation, Yin und Yang?

Dieses Buch wird die wichtigsten dieser Begriffe erklären. Es sind Wörter, die den Zeitgeist verraten: Die Menschheit fühlt sich hingezogen zu altem Wissen und zu neuen Wegen der Selbstfindung oder der Heilung. Wir erleben »eine Explosion des Okkulten«, wie Professor Dr. Hans Bender, ein Pionier auf dem Gebiet der Grenzwissenschaften, schon vor Jahren sagte.

Wie kam es zu dieser Explosion? Warum haben Geistheiler Hochkonjunktur? Weshalb der Zustrom zu Gruppen, die fernöstliche Praktiken lehren? Wie soll man sich diese Lust am Übersinnlichen erklären? Der Tiroler Pater Andreas Resch, der ein »Institut für Grenzgebiete der Wissenschaft« aufgebaut hat und »Papst des Okkulten« genannt wird, kam zu dem bedenkenswerten Schluß: »Das Unerklärliche ist nämlich immer größer als das Erklärbare und bildet daher die Grundlage zur Möglichkeit ganz neuer Erkenntnisse und zur Einsicht, daß die Welt und der Mensch weit größer sind als das, was man beweisen kann.«

Ein anderer Beweggrund, sich dem Esoterischen zuzuwenden, ist sicherlich auch Enttäuschung. Ja, Enttäuschung und ein Gefühl des Unbefriedigtseins. Es gibt immer mehr Möglichkeiten der Kommunikation über Telefon, über Computer, über Nachrichtensatelliten. Aber es gibt immer weniger persönliche Gespräche. Das beste Beispiel dafür ist die Arztpraxis, wo oft die Untersuchung mit immer neuen Geräten das Gespräch ersetzt. Viele Menschen fühlen sich allein gelassen und suchen förmlich Zuflucht in der Gedankenwelt des Übersinnlichen und der Naturmedizin.

Aber nicht nur enttäuschte Patienten wenden sich alternativen Methoden zu. Das ist das Erstaunlichste: Immer mehr Forscher aller Fachrichtungen wagen sich auf Gebiete, die mit dem Schulwissen nicht oder noch nicht zu erklären sind. Mediziner verweisen heute an Naturheilkundige, ja sogar an Handaufleger. Oder sie wenden sich selbst fernöstlichen Praktiken wie Akupunktur zu. Physiker untersuchen Erdstrahlen. Phänomene des Übersinnlichen werden Forschungsobjekte. Auch die Wissenschaft entdeckt, was Pater Resch predigt: ». . . daß die Welt und der Mensch weit größer sind als das, was man beweisen kann.«

Die Grundbegriffe dieser neuen Gedankenwelt werden in unserem Buch vorgestellt, das auf Vollständigkeit verzichten muß. Verstärkt und ausführlich wird auf Begriffe eingegangen, die im Augenblick besonders im Gespräch sind und in vielen Nachschlagewerken noch nicht genannt werden. Begriffe auch, für die in den neuen Bundesländern geradezu Nachholbedarf besteht: In der alten DDR lehnte man offiziell alles ab, was mit dem Übersinnlichen zu tun hatte. Die Mauer versperrte auch neuen Gedanken den Zugang, zumal sie oft aus Asien, aber über den Umweg Amerika zu uns kamen. Dieser Weg erklärt übrigens, weshalb viele Begriffe sich unter ihrer englischen Bezeichnung bei uns eingebürgert haben.

Die Autorin faßt nicht nur Lexikonwissen zusammen. Sie berichtet aus eigener Erfahrung, schildert die Begegnung mit Wunderheilern und Medien, läßt Augenzeugen sprechen. Unter ihnen zahlreiche Prominente wie Kurt Felix, Liane Hielscher, Cleo Kretschmer, Ruth Maria Kubitschek oder Billi Zöckler.

Natürlich wird die vorhandene Literatur ausgewertet. Darunter der neue Katechismus der katholischen Kirche, die sich ja auch mit Grenzfragen des Glaubens befaßt. So oft wie möglich werden auch Ansprechpartner oder zusätzliche Informationsquellen genannt: Wir bewegen uns auf neuen Wegen – und das erfordert bei jedem Schritt nicht nur Wißbegierde und Aufgeschlossenheit, sondern auch Mißtrauen, Vorsicht und kritische Fragen.

Anita Höhne

Stichwortübersicht

Aberglaube

Kaum einer gibt zu, abergläubisch zu sein – aber viele sind es. Und ihre Zahl wächst. Das Institut für Demoskopie in Allensbach stellte dazu nach einer Umfrage im Jahre 1990 fest, »daß neben Sekten und Heilslehren in den letzten Jahren zahlreiche Momente von uraltem Volks- und Aberglauben an Bedeutung gewonnen haben«.

1976 maßen 23 Prozent der Bevölkerung beispielsweise der Zahl 13 besondere Bedeutung bei – 1990 waren es bereits 26 Prozent. Aus der Neigung zum Geheimnisvollen wird auch ein Geschäft: In der Bundesrepublik gibt es mehr Hellseher und Wahrsager als Theologen, schätzen Wissenschaftler.

Aberglaube bedeutet vom Wortsinn her soviel wie verkehrter, falscher Glaube – was immer man unter wahr und falsch verstehen mag. Pfarrer Friedrich-Wilhelm Haack (†), der für die evangelische Kirche Grenzfragen der Wissenschaft erforschte, ging in der Auslegung weiter. »Nach derzeitigem Sprachgebrauch werden unter dem Begriff Aberglaube jene Vorstellungen zusammengefaßt, die neben dem sinnlich Wahrnehmbaren Kräfte und Mächte für existent halten, mit denen der Kundige in einen besonderen Kontakt treten und diese sich nutzbar machen kann.« Dazu gehören der Glaube an Sterndeuterei, die Angst vor Geistern u. a. m. genauso wie der kleine persönliche Aberglaube, von dem kaum einer frei ist: »Vorsicht, schwarze Katze läuft über den Weg!« Hinter solchen Vorstellungen stecken oft Urängste, aber auch Unsicherheit angesichts der Bedrohungen des modernen Lebens. Professor Dr. Hans Bender, Erforscher der Parapsychologie, nennt als Gründe der okkulten Welle »ein wachsendes Gefühl der Unsicherheit in der von Katastrophen bedrohten industriellen Gesellschaft, eine vielfach festzustellende Endzeit-Stimmung, die die Hoffnung auf geheimnisvolle, der technischen Zivilisation überlegene Mächte und Wirklichkeiten entstehen läßt«.

Das angesehene wissenschaftliche »Lexikon der Sekten, Sondergruppen und Weltanschauungen« mahnt sogar: »Vordringliche Aufgabe der Kirchen bleibt es daher, zunächst den Aberglauben der Gläubigen als Ausdrucksform und Zeichen tiefer Not sowie unbewältigter Daseinsangst ernst zu nehmen.« Heute wird vieles, was früher als Aberglaube abgetan wurden (z. B. Erdstrahlen), von der Wissenschaft erforscht.

Für die Gläubigen der katholischen Kirche sind Aberglaube und Unglaube untersagt. Im neuen Katechismus heißt es dazu: »Der Aberglaube ist gewissermaßen ein abartiges Zuviel an Religiosität, der Unglaube ein Zuwenig, ein der Tugend der Gottesverehrung widersprechendes Laster.«

Adressen

Evangelische Zentralstelle für Weltanschauungsfragen, Hölderlin-Platz 2a, 70193 Stuttgart, Tel. (0711) 2262281
Pfarrer Dr. Wolfgang Behnk, Beauftragter für Sekten und Weltanschauungsfragen der ev.-luth. Kirche in Bayern, Marsstr. 22, 80335 München, Tel. (089) 55980444
Harald Baer, Katholische sozial-ethische Arbeitsstelle, Osten-Allee 80, 59071 Hamm, Tel. (02381) 9802050
Dipl.-Theologe Hans Liebl, Beauftragter für Sekten und Weltanschauungsfragen der kath. Kirche in München, Dachauer Str. 5/5, 80335 München, Tel. (889) 2137147
Arbeitsgemeinschaft für Religions- und Weltanschauungsfragen, Postfach 500107, 80971 München, Tel. (089) 6414152
Eltern-Initiative zur Hilfe gegen seelische Abhängigkeit und religiösen Extremismus e.V., Postfach 100513, 80079 München, Tel. (089) 55980444

Buchtip

»Handwörterbuch des deutschen Aberglaubens«, Verlag Walter de Gruyter & Co., Berlin

Abracadabra

Ein magisches Wort. Die Brockhaus-Enzyklopädie hält es für möglich, daß es sich um einen Götternamen handelt. Wurde bereits im dritten Jahrhundert erwähnt. Es diente auch als Amulett-Inschrift. Das Zauberwort wurde außerdem als »Schwindeformel« verwendet, berichtet Aberglauben-Forscher Haack. Wenn es in folgender Weise aufgeschrieben wurde, schwanden angeblich mit den Buchstaben auch die besprochenen Leiden:

Abracadabra
Abracadabr
Abracadab
Abracada
Abracad
Abraca
Abrac
Abra
Abr
Ab
A

Akupunktur

Zhen jiu: so heißt das Verfahren auf chinesisch – Nadeltherapie. Der Westen hat das Wort latinisiert. Acus ist die Nadel, pungere bedeutet stechen. Beide Begriffe sagen genau aus, was geschieht: Heilen mit der Nadel. Schon vor Jahrtausenden lehrten die Chinesen, daß Energie auf festen Bahnen, den Meridianen, durch den Körper läuft. Störungen führen zu Krankheiten. Auf der Körperoberfläche kennt man – laut des chinesischen Spezialisten Dr. Yu Ho-fang – 670 Punkte, über die sich die Energieströme beeinflussen lassen. Das geschieht durch Einstiche mit Nadeln aus Stahl, Silber oder Gold.

Erfolge sind unbestreitbar. Mitarbeiter dieses Buches haben in China sogar Eingriffe am offenen Brustkorb miterlebt, bei denen auf Narkosemittel verzichtet wurde: Akupunktur nahm den Schmerz. Nach anderen Lehren finden sich die wichtigsten Akupunkturpunkte beispielsweise am Ohr. Akupressur ist eine Art Massage, bei der Akupunkturpunkte durch Fingerdruck angeregt werden.

Adressen

Ärztegesellschaft für Akupunktur, Dr. Marič Oehler, Luisenstr. 19, 61348 Bad Homburg, Tel. (0 61 72) 210 38
Arbeitskreis für Akupunktur Süd, Ute Steinbeiss, Stettnerstr. 1, 85406 Zolling/Thann, Tel. (0 81 67) 85 31

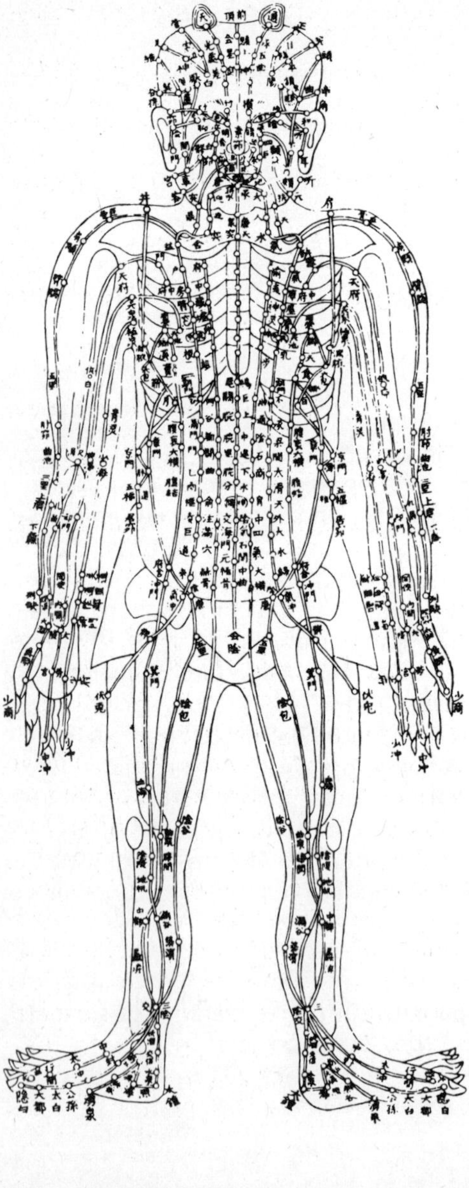

Eine alt-überlieferte chinesische Darstellung der Akupunktur: die Energiepunkte des menschlichen Körpers und seine Meridiane.

Arbeitskreis für Akupunktur Nord, Herbert Vater, Badallee 2, 25832 Tönning, Tel. (04861) 6551
Arbeitskreis für Akupunktur West, Inge Sander, Büchel 44, 41460 Neuß, Tel. (02131) 273858
Arbeitskreis für Akupunktur Ost, Andreas Noll, Drakestr. 40, 12205 Berlin, Tel. (030) 8312344
Schule für Naturheilkunde, Postfach, CH-8032 Zürich, Tel. (01) 512059
Dr. Max Gruber, Arzt für Akupunktur und psychosomatische Medizin, Löns-Str. 21, A-6020 Innsbruck, Tel. (0512) 44211
Dr. Klaudia Stockinger, Langegasse 72/Tür 6a, A-1080 Wien, Tel. (0222) 439112 (4069112)

Buchtips
Johannes Bischko: »Wissenswertes für Patienten über Akupunktur«, Haug-Verlag, Heidelberg
Albrecht Molsberger: »Was leistet Akupunktur?«, Trias-Verlag, Stuttgart
Wolf Ulrich: »Schmerzfrei durch Akupressur und Akupunktur«, Heyne-Verlag, München

Alchemie, Alchimie

Alchemie ist der Vorläufer der Chemie. »Es scheint, daß die ägyptisch-hellenistischen Priester, bei denen sich die Kenntnisse der technischen Arbeitsmethode mit der Philosophie vereinten, als geistige Väter der Alchemie anzusehen sind«, lehrt uns das tiefgehende »Handwörterbuch des deutschen Aberglaubens«. Die Alchemie wurde zu einer Geheimwissenschaft. Heute erinnert dieses Wort sofort an Scharlatane, die versuchten, mit dem Stein der Weisen, einer geheimnisvollen Substanz, Gold zu machen. Oder ein Allheilmittel herzustellen. Der Umgang mit dunklen Metallen, die in wertvollere umgewandelt werden sollten, verhalf der Alchemie auch zum Beinamen »Schwarze Kunst«. Aber es ging nicht nur darum, Gold zu machen: »Alchymie ist die Kunst, die unsichtbaren Lebensprozesse in der Natur zu beherrschen und zu leiten, um damit nach Belieben materielle, feinsinnliche (astrale) oder geistige Wirkungen zu erzielen«, schreibt das alte Handbuch »Die Geheimsymbole«. Es geht auch um Weiterentwicklung des Menschen zur höchsten Reifestufe. Das Wissen sollte Eigentum eines kleinen Kreises von Eingeweihten bleiben: Deshalb wurden in der Alchemie – die tatsächlich zu vielen Entdeckungen führte – Tausende von geheimnisvollen Symbolen und Bezeichnungen benutzt.

Alternative Medizin

Die traditionelle Heilkunde – die Schulmedizin – beruft sich auf anerkanntes Wissen, wie es an den Universitäten gelehrt wird. Sie vertraut sehr stark auf Technik und Chemie. Alternative aber heißt, die Entscheidung zwischen zwei Möglichkeiten zu haben. So sucht die alternative Medizin neue Wege, zum Teil durch Rückgriff auf uralte Heilmethoden oder durch eine Abkehr von herkömmlichen Vorstellungen über die Entstehung der Krankheiten (etwa durch Energiestörungen). Der Trend zur anderen, zur alternativen Medizin ist unverkennbar. Aus Umfragen ergab sich, daß die Mehrzahl der niedergelassenen Ärzte wenigstens gelegentlich alternative Heilmethoden anwendet. Auch die Mehrzahl der Patienten würde sich mit alternativen Heilmethoden behandeln lassen – wenn die Kosten von der Krankenkasse getragen werden. Bezeichnend, daß die Zahl der Ärzte wächst, die sich auf den »Gelben Seiten« der Telefonbücher in die Rubrik »Naturheilverfahren« eintragen lassen. Die Liste ihrer Behandlungsmethoden zeigt die ganze Breite der alternativen Medizin: Akupunktur, Homöopathie, Eigenbluttherapie, Ozontherapie, Sauerstofftherapie usw.

Buchtips
Dieter Reichert: »Humane Medizin«, Hugendubel-Verlag, München
Ulrich Rückert: »Die sanfte Medizin der Außenseiter«, Droemer Knaur-Verlag, München

Amulett

Amulette sind nach altem Glauben Schutzmittel zur Abwehr böser Kräfte, während Talismane Glück anziehen. Die Unterschiede zwischen beiden Begriffen verschwimmen. Für das »Handwörterbuch des deutschen Aberglaubens« ist ein Amulett »ein kleinerer krafterfüllter Gegenstand, dessen Kraft sich dort wirksam zeigt, wo er angehängt oder befestigt wird«. Der Begriff Talisman werde dagegen auch bei größeren Gegenständen wie Bildsäulen angewandt.

Der Wiener Energetiker Emil Stejnar fertigt Amulette nach persönlichen Daten seiner Klienten an.

Amulette gibt es in verwirrender Vielzahl – vom Hasenfuß über farbige Steine bis zu Schmuckstücken aus Edelmetallen. Ein beliebtes Schutzsymbol in allen Kulturen sind die Nachbildungen der menschlichen Hand. Liedermacher Konstantin Wecker zum Beispiel trägt seit seiner Kindheit einen Schutzengel als Amulett am Hals. In Wien gibt es einen Energetiker, der Amulette nach persönlichen Daten anfertigt. Diamanten gelten zum Beispiel als Abwehrmittel gegen quälende Träume.

siehe auch **Fetisch**

Anthroposophie

Der Künstler Joseph Beuys bekannte sich zur Anthroposophie – genau wie der Techniker Peter von Siemens. Die Anthroposophische Gesellschaft hat in der Bundesrepublik rund 20 000 Mitglieder. Das Wort Anthroposophie faßt die griechischen Wörter für

Mensch (anthropos) und Weisheit (sophia) zusammen. Die »Lehre vom Menschen« wurde von dem Naturwissenschaftler und Philosophen Rudolf Steiner (1861–1925) gegründet. Sie geht vom Christentum aus. Die Basis ist jedoch nicht allein Glaube. Die Anhänger der Steinerschen Lehre sollen durch Wissen zu immer höheren Erkenntnisstufen geführt werden. Geistige, seelische Einflüsse und Krankheit hängen für Steiner eng zusammen. Er selbst beschrieb seine Lehre mit diesem Satz: »Anthroposophie ist ein Erkenntnisweg, der das Geistige im Menschenwesen zum Geistigen im Weltall führen möchte.« Die Lehre befaßt sich nicht nur mit Philosophie, sondern ganz konkret auch mit biologisch-dynamischer Landwirtschaft, mit Architektur, Dramaturgie und anderen Wissenschaften des praktischen Lebens. Rudolf Steiners Erkenntnisse werden in den Waldorf-Schulen bei der Kindererziehung angewandt – mit hohem Nutzen. Auch Bundeskanzler Kohl schickte seine Kinder auf eine Waldorf- Schule.

Adressen

Anthroposophische Gesellschaft Deutschland, Landessekretariat, Zur Uhlandshöhe 10, 70188 Stuttgart, Tel. (0711) 1643121
Allgemeine Anthroposophische Gesellschaft, Goetheanum, CH-4143 Dornach, Tel. (061) 7014242
Allgemeine Anthroposophische Gesellschaft Österreich, Generalsekretariat, Dr.-Heinrich-Maier-Str. 69/II/I, A-1180 Wien, Telefon: (0222) 442293 oder 561166

Buchtips

Walter Kugler: »Rudolf Steiner und die Anthroposophie – Wege zu einem neuen Menschenbild«, DuMont-Verlag, Köln
Christoph Lindenberg: »Rudolf Steiner«, Rowohlt-Verlag, Hamburg
Rudolf Steiner: »Die Philosophie der Freiheit«
–: »Die Geheimwissenschaft im Umriß«
–: »Mein Lebensgang«
alle: Rudolf Steiner-Verlag, Dornach

Aphrodisiakum

Hirschhornscheiben aus Peking. Diesem Naturmittel wird eine potenzsteigernde Wirkung nachgesagt. Je größer die Scheibe, desto stärker der Erfolg.

Aphrodite war die griechische Göttin der Liebe. Auf sie geht das Wort Aphrodisiakum (Mehrzahl Aphrodisiaka) zurück – laut Wörterbuch ein »den Geschlechtstrieb anregendes Mittel«. Alte Volksmittel sind zum Beispiel Sellerie, Spargel oder Eier. Höchst empfehlenswert für diesen Zweck auch Anis oder Beifuß, Zwiebeln oder Knoblauch – wobei diese Naturprodukte äußerlich wie innerlich angewandt werden können. Es gibt auch ungewöhnliche Mittel wie Seychellennüsse, Yohimberinden, Alraunenwurzeln, Betelbissen, Schwalbennester, Spanische Fliegen oder Haifischflossen. Abergläubische Menschen des Mittelalters kannten zur Steigerung der Lust ausgefallene Mixturen – zum Beispiel mit Stierharn, Roßmilch oder Wasser, das einem trinkenden Hengst aus dem Maul tropfte. Zaubersprüche oder magische Handlungen sollten die Wirkung steigern. So entstanden Liebeszauber und Liebestränke, die andere Menschen sogar gegen ihren Willen beeinflussen und zum Sex zwingen sollten.

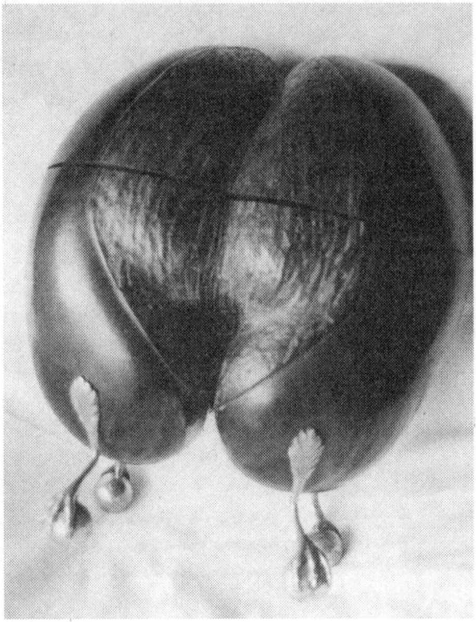

Die Seychellen-Nuß: Mit diesem Mittel steigern Insulaner ihre Lust.

Buchtips

Gisela Krahl/Andrea Riepe: »Wonnestunden«, Wunderlich-Verlag, Hamburg
Michael Kraus: »Liebeszauber mit ätherischen Ölen«, Simon & Wahl-Verlag, Gaimersheim
Richard A. Miller: »Liebestrank«, Ullstein-Verlag, Berlin
Sarah L. Morrison: »Zauberbuch für neue Hexen«, Langen Müller-Verlag, München

Aphrodisiaka in der Praxis

Ein Beispiel aus der Praxis des Tiroler Wunderheilers Dr. Leonhard Hochenegg. Er empfiehlt zur Anregung der Sexualität:

Krabbensuppe mit Ingwer

2 Stück geschälte Ingwerwurzeln (3 cm lang)
2 kleine violette Zwiebeln
3 Pfifferlinge
15 g Butter
2 Teelöffel Gerste
1 Messerspitze Salz
30 ml schottischer Whisky
150 Krabben ohne Schale
3 g Majoran
2 Stengel Petersilie
1 Prise Dill
2 g Rosmarin

Zubereitung: Die Ingwerwurzeln mit einem Mixer zerkleinern, die geschälten Zwiebeln fein hacken, Pfifferlinge fein aufschneiden. Ingwer, Pfifferlinge, Zwiebeln und Krabben in Butter rösten, mit einem Würfel Fleischbrühe zusammen aufkochen, anschließend mit Kräutersalz würzen. Mit Whisky abschmecken, zum Schluß die gehackten Kräuter dazugeben. Diese potenzanregende Suppe sollte mindestens drei Wochen hindurch von Mann und Frau eingenommen werden.

Und noch ein Tip – Hocheneggs potenzsteigerndes Frühstück:

Papaya-Avocado-Müsli

100 g Haferflocken in warmer Milch verrühren, 3 feingehackte, geschälte und entkernte Avocados dazugeben, eine mittelgroße Papayafrucht schälen, in Würfel schneiden und mit dem Haferbrei vermengen. Dazu 2 Eßlöffel Rosinen und 3 rohe Eier geben. Zum Süßen einen Teelöffel Waldhonig verwenden. Zur Dekoration und Verstärkung der Wirkung 3 Teelöffel geriebene Mandeln darüberstreuen. Dieses Müsli drei Wochen hindurch einmal täglich essen.

Aromatherapie

Ätherische Öle – das sind jene Stoffe, die den Pflanzen zu dem für sie typischen Geruch verhelfen. In der Aromatherapie werden diese Essenzen aus Blumen, Kräutern, Bäumen und Harzen gewonnen. Sie helfen bei Depressionen, beugen Infektionen vor und stärken körpereigene Abwehrkräfte. Düfte werden so zu Heilmitteln. So soll Lavendelessenz Brandverletzungen lindern, Geranium hormonell ausgleichend wirken, Bergamotte bei Ängsten oder Winterdepressionen helfen. Ein Unterschied ist zu beachten: Mit Essenz wird das unvermischte, reine Pflanzenöl bezeichnet, Extrakt dagegen ist ein Auszug: ätherisches Öl, beispielsweise aufgelöst in Alkohol. Drei Möglichkeiten der Anwendung: Einreiben der Haut, also Einmassieren. Einatmen, Inhalieren ist ein zweiter Weg der Therapie. Häufig ergänzen sich beide Methoden. Während des Einreibens wird zugleich inhaliert. Auch hier gilt: Bitte vorher Arzt, Apotheker oder Naturheilkundigen befragen.

Adressen

Forum Essenzia, Panoramastr. 17, 87477 Moosbach/Sulzberg, Tel. (08376) 8591 (auch für Österreich und die Schweiz zuständig)
Adova, Schule für angewandte Pflanzen- und Duftheilkunde, René Strassmann, Steinebach, CH-6062 Wilen, Tel. (041) 609646

Buchtips

Susanne Fischer-Rizzi: »Himmlische Düfte«, Hugendubel-Verlag, München
Günther Ohloff: »Irdische Düfte – himmlische Lust«, Birkhäuser-Verlag, Basel
Monika Werner: »Ätherische Öle«, Gräfe und Unzer-Verlag, München

Aromatherapie in der Praxis

Ruth von Braunschweig, Heilpraktikerin, Biologin und Expertin für Aromatherapie empfiehlt zum Beispiel Bergamottöl als Seelentröster in der dunklen Jahreszeit. Die Expertin rät, das Bergamottöl großflächig über die Haut aufzutragen. Oft schon innerhalb einer Stunde werden Antriebslosigkeit oder Lustlosigkeit stark gemildert.

Auch Zimt geht unter die Haut. Besonders in der kalten Jahreszeit hat Zimtöl eine wunderbare Wirkung auf die Psyche. Es wirkt beschützend, entkrampfend und erwärmend. Verspannungen im Körper werden gemildert.

Folgende Mischungen haben sich besonders bei großem Kummer, Trauer oder dem Gefühl des Entwurzeltseins bewährt:

Körperölmischung 1

4 Tr Zimtblätteröl
4 Tr Nelkenblätteröl
8 Tr Mandarinenöl
in 50 ml Macadamianußöl

Körperölmischung 2
(für die zarte, empfindliche Haut)

1 Tr Zimtblätteröl	4 Tr Mandarinenöl
1 Tr Nelkenblätteröl	in 50 ml Macadamianußöl
3 Tr Lavendelöl	

Noch ein Tip für die Frühjahrskur mit Wacholderbeeröl:

Bei Frühjahrsmüdigkeit, Antriebs- und Lustlosigkeit setzt die vielseitige Wirkung des Wacholders ein. Mit Wacholderbeeröl kann man buchstäblich einen körperlichen und seelischen »Hausputz« starten. Am besten wirkt es, wenn es äußerlich über die Haut in Form eines Körperöls aufgetragen wird.

Rezept
(Grundlage jeweils 50 ml Jojobaöl weiß)

6 Tr Wacholder	4 Tr Bergamotte
4 Tr Zitrone	4 Tr Lavendel

Astralleib

Ein berühmtes Bild des Malers Hieronymus Bosch, das vor rund 500 Jahren entstanden ist, zeigt eine dunkle Röhre, durch die ein Körper zu gleißendem Licht geführt wird. Viele Menschen, die klinisch tot waren und wiederbelebt worden sind, beschreiben das Sterben übereinstimmend ähnlich: als einen Aufstieg zu hellem Licht. Zugleich beobachteten sie, was mit ihrem zurückbleibenden Körper geschah. Professor Bender faßt die Berichte so zusammen: »Einige der reanimierten – wiederbelebten – Patienten konnten genau angeben, was sich in der Zeit ihres Scheintods im Krankenzimmer abspielte, das Verhalten von Ärzten und Pflegepersonal, ja sogar Einzelheiten von dem, was gesprochen wurde.« Der Wissenschaftler fügt hinzu: »In der Tat müssen Patienten in Todesnähe in ihrer tiefen Ohnmacht die Information durch andere Kanäle als die üblichen bekommen haben, offenbar durch außersinnliche Wahrnehmung.« Der Astralleib trennt sich vom Körper, das Ich geht auf Reisen, kehrt aber mit nachprüfbaren Beobachtungen zurück – solche Erlebnisse sind nicht immer mit dem Sterben verbunden. Darüber liegen Wissenschaftlern zahlreiche Berichte besonders aus Amerika vor: Sie nennen solche Astralwanderungen »Out-of-the-Body-Experience«, abgekürzt OBE, außerkörperliche Erfahrungen. Für Okkultisten ist der Astralleib ein Bereich geheimnisvoller Energie und unterbewußter Kräfte des Menschen, ein Teil von ihm – aber unsichtbar, unantastbar. Auf diesen Astralleib wirken Geistheiler ein, von ihm soll ihre Kraft ausgehen. Die Astralebene ist nach ihrer Ansicht auch die erste Sphäre, in die der Astralleib nach dem Tode eintritt.

Astrologie

Nancy Reagan ließ sich in ihrer Zeit im Weißen Haus sogar bei der Terminplanung des Präsidenten von einer Astrologin beraten. Weit verbreitet ist der Glaube, daß der Stand der Sterne zum Zeitpunkt der Geburt Schicksal und Charakter eines Menschen, den Zeitpunkt von Glück und Unglück verrate. Um dies auszurechnen, wird die Jahresbahn der Sonne in zwölf gleich große Abschnitte aufgeteilt, die nach Sternbildern benannt werden: von den Fischen bis zum Widder. Das sind die Tierkreiszeichen. Aus der Stellung der Gestirne zueinander, aus den Winkeln, die daraus entstehen, errechnen die Astrologen die Konstellation. Der Aszendent zum Beispiel ist jenes Tierkreiszeichen, das zur Stunde der Geburt eines Menschen am östlichen Horizont aufsteigt. Wichtig auch der Einfluß der Planeten, also der Wandelsterne. Im Begriff Horoskop stecken die griechischen Worte »Tages- und Jahreszeit« sowie »kritische Untersuchung«. Empfehlenswert sicher, wie es Inge Meysel hält: Sie glaubt an Astrologie – aber läßt sich davon nicht beeinflussen, zumindest nicht bei wichtigen Entscheidungen.

siehe auch **Horoskop/Chinesisches Horoskop**

Adressen
Deutscher Astrologen-Verband e.V., Metzerstr. 65, 66117 Saarbrükken, Telefon (0681) 52160
Astrologisch-Psychologisches Institut, Bruno und Luise Huber, Postfach 614, Obertilistr. 4, Ch-8134 Adliswil, Tel. (01) 7103776
PSI-Zentrum Basel, Ates AG, Güterstr. 144, Ch-4053 Basel, Tel. (061) 3614545

Buchtips
Linda Goodman: »Astrologie sonnenklar«, Scherz-Verlag, München
Michael Roscher: »Astrologiebuch«, Droemer Knaur-Verlag, München
Ulrike Voltmer: »Lebendige Astrologie«, Aurum-Verlag, Freiburg
–: »Gestaltastrologie«, Aurum-Verlag, Freiburg

Atlantis

Ein verschwundener Kontinent, ein sagenhaftes Reich, das nach einer gewaltigen Naturkatastrophe im Meer versunken sein soll. Von Atlantis berichtete als erster der griechische Philosoph Plato. Das Reich sei größer gewesen als »Asien und Libyen zusammen«, schrieb der große Denker. Wurde das mächtige Reich von einem Meteor zerstört? Das vermutete der österreichische Erfinder Otto Muck, ein Mitarbeiter Wernher von Brauns bei der Vorbereitung der Mondflüge. Immer wieder wurde versucht, Atlantis wiederzuentdecken, zum Beispiel in der westindischen Inselwelt. 1984 suchten sowjetische Forschungsschiffe im Atlantik danach, ein paar hundert Kilometer vor Portugal. Ein Ort, von dem noch immer geheimnisvolle Kräfte ausgehen – nach Ansicht einiger Erforscher unerklärbarer Phänomene. Jedenfalls zieht Atlantis weiter Wissenschaftler und Träumer an. Kein Zufall, daß die amerikanische Weltraumbehörde NASA einer der ersten Weltraumfähren den Namen »Atlantis« gab.

Buchtips
Burchard Brentjes: »Atlantis, Geschichte der Utopie«, DuMont-Verlag, Köln
Eberhard Zangger: »Atlantis«, Droemer Knaur-Verlag, München

AURA

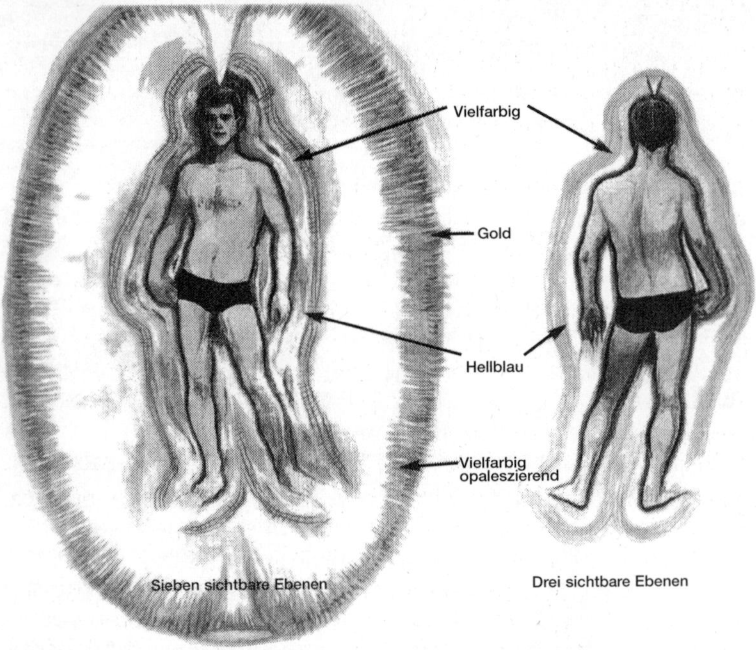

Die Aura des Menschen wird heute auch medizinisch anerkannt. Ein Strahlungs-Energiefeld, das den Körper umhüllt. Dieses farbige Spektrum verändert sich bei Krankheiten. Nicht wenige Ärzte können die Aura sogar fühlen.

Alte Bilder zeigen z. B. Apostel mit einem leuchtenden Heiligenschein – die sichtbar gewordene Aura: ein Strahlungsenergiefeld, das den Körper umhüllt. Früher nur für Menschen mit hellsichtiger Begabung erkennbar. Schon vor mehr als fünfzig Jahren begannen der russische Elektroingenieur Semjon Kirlian und seine Frau Valentina Krisanowa die Aura-Fotografie zu entwickeln. Dabei werden Hochfrequenzströme eingesetzt und das Strahlungsfeld um den Menschen oder Gegenstände sichtbar gemacht. Farbtöne verraten nach Ansicht vieler alternativer Mediziner Gesundheitsstörungen, organische Schwächen, Energieblockaden. Es gibt Ärzte, die glauben, die Aura fühlen zu können. Für den »Gesundheits-Brockhaus« handelt es sich bei der Aura schlicht »um körperlich-seelische Empfindungen, die epileptischen oder anderen Krampfanfällen vorausgehen können«: zum Beispiel ungewöhnliche Sinneswahrnehmungen.

siehe auch **Kirlian-Fotografie**

Außersinnliche Wahrnehmungen

ASW – das ist die nüchterne wissenschaftliche Abkürzung für außersinnliche Wahrnehmungen. Ein Ausdruck, der für die meisten von uns Unerklärliches, Unerforschtes, ja Unheimliches beschreibt. Gemeint sind Wahrnehmungen, Gedanken, Erkenntnisse, Eindrücke. Gefühle, Bilder, die wir nicht mit unseren normalen Sinnesorganen aufnehmen.

Professor Dr. Hans Bender, der nach dem Krieg Parapsychologie in Deutschland an der Universität als Wissenschaft einführte, unterscheidet drei Formen:

– Telepathie, also Gedankenübertragung.

– Hellsehen: Das Sehen von Ereignissen, die sich im gleichen Augenblick anderswo abspielen, und

– Hellsehen in die Zukunft: Nach Bender »das Vorauswissen zukünftiger Vorgänge«.

Daß es ASW gibt, hat nahezu jeder Mensch schon erlebt – auch wenn die Wissenschaft hier noch Beweise sucht. Der Begriff hat jedoch sprachliche Kritiker gefunden: Das Wort Wahrnehmung bezeichne immer sinnliche – also nicht außersinnliche – Empfindungen. Um genau zu sein, sollte man statt ASW besser den Begriff paranormale Erfahrung verwenden, empfehlen Sprachforscher.

Folgende Adresse nimmt Berichte über außersinnliche Erlebnisse entgegen und beantwortet Fragen:

Institut für Grenzgebiete der Psychologie und Psychohygiene, Eichhalde 12, 79104 Freiburg, Tel. (07 61) 5 50 35

Autogenes Training

Autogen kommt aus dem Griechischen und bedeutet: selbst erzeugend, aus dem eigenen Körper geschaffen. Autogenes Training ist Selbsthypnose, Selbstbeeinflussung: Daraus wird eine Heilmethode zur Entspannung, auch zur Selbstbesinnung, von dem deutschen Nervenarzt Johannes Schultz von 1928 an entwickelt. Eine Methode der Selbsthilfe, ähnlich dem Yoga – die man allerdings von erfahrenen Trainern (z. B. Volkshochschule) erlernen sollte. Darum geht es: Mit dem eigenen Willen, mit Suggestivworten, körperliche Empfindungen und Vorgänge zu verändern, die sich sonst dem menschlichen Willen entziehen. Zum Beispiel Muskelspannungen, Hautdurchblutung, Angst, Streß, Bluthochdruck. Hilft sogar bei Hauterkrankungen (Neurodermitis), wie deutsche Ärzte 1993 nach einem einjährigen Versuch berichteten. Autogenes Training wird von Ärzten auch gern und mit Erfolg bei Kindern angewandt. Eine der Grundübungen beginnt mit dem Gefühl der Schwere: »Mein rechter Arm wird jetzt schwer, immer schwerer . . .«

Buchtips

Hannes Lindemann: »Autogenes Training«, Mosaik-Verlag, München

Johannes Schultz: »Autogenes Training«, Verlag Walter de Gruyter & Co., Berlin

Klaus Thomas: »Praxis des Autogenen Trainings«, Trias-Verlag, Stuttgart

Automatisches Schreiben

Ein Medium fällt in Trance, die rechte Hand beginnt ruckartig mit heftigen Bewegungen zu schreiben. Das Medium wirkt wie ein Automat. Aber die Worte, die zu Papier gebracht werden, haben durchaus einen Sinn. Der Vorgang ist ungewöhnlich, aber nicht einmalig. Professor Bender: »Das ›Geisterschreiben‹ wird wie ein normaler Schreibakt ausgeübt, mit dem Unterschied, daß die Bewegungen der Hand und der Inhalt des Produzierten nicht bewußt kontrolliert werden.« Auf diese Weise sind schon

Automatisch, willenlos schreibt ein Medium Wörter, die zu einer Botschaft werden. Mitteilungen aus dem Unterbewußtsein – oder aus einer anderen Welt?

ganze Bücher und Musikstücke diktiert worden. Oft überraschen die Mitteilungen durch Wissen, welches das Medium nicht besessen haben kann. Ein Diktat aus einer anderen Sphäre, ein Weg, Mitteilungen aus einer anderen Welt sichtbar zu machen – oder ein Anzapfen des eigenen Unterbewußtseins? Professor Bender warnt: Die Bewußtseinsspaltung, die der automatischen Produktion zugrunde liege, könne »zu schweren psychischen Störungen führen«. Er berichtet von bösen Verirrungen – sagt aber auch: ». . . das soll den Blick nicht verdunkeln für außerordentliche Leistungen, die durch psychische Automatismen (Geisterschreiben) erreicht worden sind.«

Automatisches Schreiben in der Praxis

Niemand hat sie angeredet oder angeblickt – aber plötzlich wirkt Petra Grieshammer wie hypnotisiert. Die Augen sind geschlossen, sie nimmt offensichtlich nicht mehr wahr, was um sie herum vorgeht. Die junge Frau fällt in Trance, wie Ärzte sagen. Petra weiß nicht, was

Schreibmedium Petra Grieshammer mit Schauspieler Raimund Harmstorf.

sie schreibt. Sind es Botschaften oder Prophezeiungen – aus Petras Unterbewußtsein, aus einer anderen Welt? Darüber streiten die Experten.

Wir sitzen im achten Stock eines modernen Hochhauses in München, mit Ausblick auf das olympische Gelände und die Berge. Die Frau, die da schreibt, ist kein hexenhaftes, kein geheimnisvolles Wesen, sondern jung und elegant, natürlich und offen. Die Autorin hat sie als Empfangsdame in einem großen Hotel kennengelernt. Mittlerweile hat sie den Beruf aufgegeben. Sie ist alleinerziehende Mutter, will sich in erster Linie um ihre vierjährige Tochter Nina kümmern.

Petra Grieshammer also sitzt vor einem Blatt Papier, starrt vor sich hin, atmet heftiger. Für sie versinkt die Welt. Sie schreibt und schreibt, schnell, ohne Sekunden des Nachdenkens, mit knappen kurzen Bewegungen. Alles in einem Zustand tiefer Versunkenheit. Nun öffnen sich die Augen, noch jagt die Hand über das Papier, malt eine Spirale. Der Kontakt mit einer anderen Welt ist zu Ende – die Spirale ist für sie das Symbol einer sich verjüngenden Röhre, der Verbindungstunnel zu einer anderen Welt.

Petra sitzt an einem Mahagonitischchen, an der Wand eine Anrichte im englischen Chippendalestil. So waren die Bürgerwohnungen der besseren Gesellschaft vor zwei Generationen eingerichtet. Die Anrichte spielt eine große Rolle im Leben Petras. Damit hat tatsächlich alles begonnen – die Entdeckungsreisen in eine andere Welt, das Empfangen von Botschaften aus fremden Sphären.

Die Anrichte stand tatsächlich einst im Wohnzimmer von Petras

Oma. Sie hat als Kind oft davor gespielt. Als die Großmutter gestorben war und Petra das Möbelstück übernahm, spürte sie plötzlich: Da ist doch jemand. Sie fühlte das ohne Angst, ohne Schaudern. Es war einfach so, als wolle sie jemand ansprechen.

Mit Zufällen ging es weiter – »aber für mich gibt es keine Zufälle«, sagt Petra. Ein Freund nahm sie mit zu einer Séance: Das ist nur ein Fremdwort für Sitzung – aber eine Sitzung der außergewöhnlichen Art, in der Menschen, die für Außersinnliches begabt sind, mit Toten Verbindung aufzunehmen versuchen. Das wird ein bißchen spöttisch auch Tischchenrücken genannt. Die Teilnehmer der Séance nehmen Platz vor einer sogenannten Planchette, einem winzigen Tischchen, das auf einem Blatt Papier steht. Man legt die Hände darauf – das Medium versinkt in Trance. Und plötzlich bewegt sich der Tisch, an dem ein Schreibstift angebracht ist. Und der zeichnet Figuren auf den Tisch. Bei der Sitzung mit Petra wurden Buchstaben daraus. »Komm . . .« stand plötzlich auf dem Papier. Und deutlich lesbar wurde das Wort »Gorgel«. Was sollte das bedeuten? Hatte das irgendeinen Sinn?

Später, bei ihren Eltern, geschah der nächste Zufall. Petra fragte nach ihren Vorfahren – und sie erfuhr, daß der Ururgroßvater Georg hieß und »Gorgel« genannt wurde. War das also nur ein Kennwort, mit dem sich ein Wesen aus einer anderen Welt buchstäblich identifizieren wollte? Petra experimentierte selbst mit dem Tischchen, bis ihr eine innere Stimme riet, das Ding aus der Hand zu legen. Und einfach nur zu schreiben. Seitdem geschieht das immer wieder: Daß sie Botschaften in einer fremden, altmodischen Handschrift zu Papier bringt, die aber ihren Eltern vertraut erschien. Man fand Briefe der Oma – die Ähnlichkeit der Handschrift war unverkennbar. Jetzt wußte Petra, wer ihr da diktierte . . .

Sie hat große Vorgängerinnen. Die amerikanische Enzyklopädie für Okkultismus und Parapsychologie – ein großes Lexikon – widmet diesem Thema sechshundert Zeilen. Manche Medien beherrschten plötzlich Spiegelschrift. Oder eine Fremdsprache, die sie nie gelernt hatten. In der Vergangenheit gibt es dafür eine Fülle von Beispielen. Nehmen wir eines aus der Gegenwart. Es war vor wenigen Jahren. Beim Besuch des Arztes Dr. Leonhard Hochenegg in Innsbruck schrieb die Rumänin Dino Slobodzian plötzlich wie unter Zwang eine Botschaft nieder, die sie selbst nicht entziffern konnte. Aber Frau Hochenegg, geboren auf den Philippinen,

». . . werde ich bei Dir sein. IMMER!« Tröstende Worte – diktiert von einem Verstorbenen.

konnte die Botschaft lesen. Sie war in ihrem heimatlichen Dialekt gehalten . . .

Was geht in Menschen wie Petra oder der Rumänin vor?

Theorie 1: In Trance öffnet sich ein Kanal, ein Tor zum Unterbewußtsein des schreibenden Menschen. Es spricht Wissen aus Petra, das ihr selbst nicht bewußt ist.

Theorie 2: Im Trancezustand, auch das ist bewiesen, sind Menschen empfänglicher für außersinnliche Wahrnehmungen. Kann es sein, daß Petra nur das niederschreibt, was ihr Gegenüber denkt? Was da passiert – ist das vielleicht Gedankenübertragung? Auch das wird von Wissenschaftlern vermutet.

Theorie 3: Was Forscher nicht auszusprechen wagen, wird von vielen Menschen gedacht und geglaubt: Da tut sich nicht nur ein Tor zum Unterbewußten des schreibenden Menschen auf, sondern ein Kanal zu einer anderen Welt, einer anderen Bewußtseinsebene . . .

Petra ist davon überzeugt. Sie hat unlängst noch eine andere Entdeckung gemacht. In Trance malt sie auch Bilder und Zeichen, von denen Kraft auszugehen scheint. Eine Freundin Petras trug eines der Bilder bei sich. Und plötzlich verschwand ein Heuschnupfen, der sie ewig gequält hatte – geheilt von einer Kraft, die es offensichtlich gibt. Ähnliche Fälle wiederholten sich – sogar Herzrhythmusstörungen bei einer Reporterin haben sich gebessert. Das hat sich mittlerweile herumgesprochen, so daß sie nun Sprechstunden abhalten muß. Um Kräfte und Botschaften zu übermitteln, die keiner erklären kann. Briefe aus einer anderen Welt . . .

Autosuggestion

Suggerieren bedeutet: einflüstern, einreden, seelisch beeinflussen. Autosuggestion ist Selbstbeeinflussung, Selbsthilfe zur Selbstheilung. Sie bewirkt – am besten unter Anleitung geübt – körperliche und psychische Entspannung und wird manchmal zum Wundermittel, das hilft, sich z. B. das Rauchen abzugewöhnen. Geht auf den französischen Arzt Emile Coué zurück. Er lehrte u. a. als beste Methode der Autosuggestion: Man soll sich nicht den Weg, sondern das Ziel vorstellen. Und zwar bildhaft. Wer schlank werden will, malt sich nicht die Abmagerungskur, sondern den schlanken Körper aus, den er anstrebt.

siehe auch **Hypnose**

Ayurveda

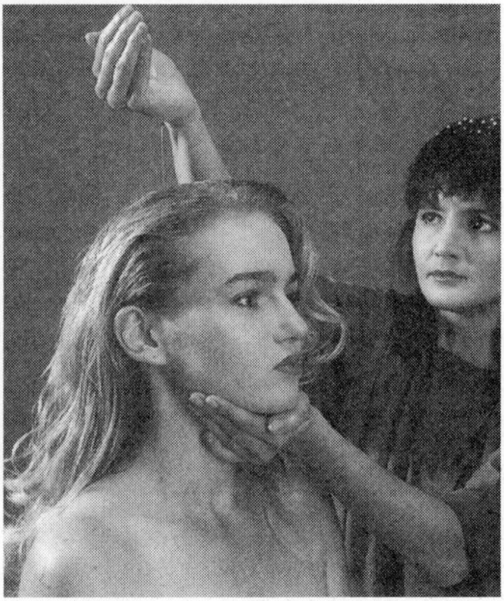

Ayurveda: Die Behandlung beginnt am Kopf.

Heißt eigentlich: Wissen vom Leben. Ayurvedische Medizin ist die Heilmethode der Inder, dokumentiert in berühmten Sanskritlehrbüchern. Die älteste uns bekannte systematische Naturheilkunde der Welt. Wird heute noch praktiziert. Der in Amerika lehrende Arzt Dr. Deepak Chopra definiert diese Heilmethode so: »Der Grundgedanke des klassischen Ayurveda besteht darin, daß der Geist einen bestimmenden Einfluß auf den Körper ausübt und daß Freisein von Krankheit letztlich darauf beruht, daß wir uns mit unserem Bewußtsein in Verbindung setzen, es ins Gleichgewicht bringen und dieses Gleichgewicht dann auf den Körper ausdehnen.« Ayurveda-Kliniken arbeiten mit Erfolg auch in der Bundesrepublik. Verwendet werden vorwiegend pflanzliche Arzneien. Ein Leberpräparat nach uralten Rezepten wurde vor wenigen Jahren in München getestet. Es bewirkte mehr als moderne Präparate. Zur Behandlung gehört auch Massage (Achyanga): Dabei behandeln zwei Therapeuten gleichzeitig den Patienten. Vier Hände erzielen eine vertiefte Wirkung, körperlich wie seelisch.

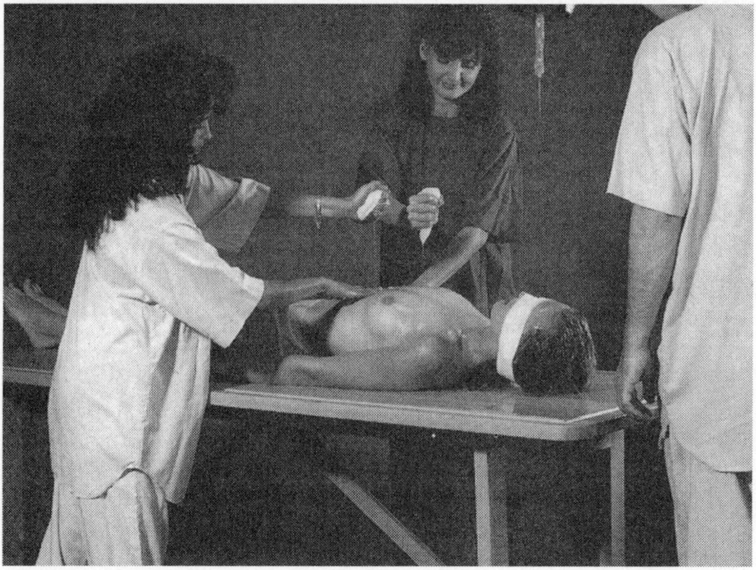

Bei vielen Nervenkrankheiten wie Migräne oder der Gefahr eines drohenden Schlaganfalls kann eine Ölkur helfen, die am ganzen Körper angewendet wird.

Adressen

Gesellschaft zur Förderung ganzheitlicher Gesundheit mbH, Am Berg 11, 49143 Bissendorf, Tel. (0 54 02) 73 61
Maharishi Institut für Ayurveda, Breitenbrunnen, 77887 Sasbachwalden, Tel. (0 78 41) 68 22 06
Maharishi Ayurveda Gesundheitszentrum, Hotel Schloß Pichlarn, A-8952 Irdning/Steiermark, Tel. (0 36 82) 22 84 10
Ayurveda Research Company AG, Dorf 1283, Postfach, CH-9428 Walzenhausen/Ar., Tel. (0 71) 44 94 44
Maharishi Ayurveda Gesundheitszentrum, CH-6377 Seelesberg, Tel. (0 43) 31 27 96

Buchtip
Deepak Chopra: »Die Körper-Seele«, Lübbe-Verlag, Bergisch-Gladbach

Bach-Blütentherapie

Benannt nach dem britischen Bakteriologen und Immunologen Dr. Edward Bach (1886–1936). Er setzte Blütenextrakte von 37 wildwachsenden Pflanzen und Quellwasser gezielt gegen seelische Ursachen von Krankheiten ein: z. B. Espe gegen Angst, Erika gegen Einsamkeit, Edelkastanie gegen Verzweiflung. Im Hintergrund der Gedanke, daß Krankheit seelische Ursachen hat. Hier die Herstellung vereinfacht geschildert: Die Blüten werden an einem sonnigen Tag gepflückt, drei Stunden lang in frisches Quellwasser gelegt und dem prallen Sonnenlicht ausgesetzt, dann mit Alkohol konserviert und später verdünnt. Andere Blüten können mit Quellwasser gekocht werden. In der Regel genügen zur Behandlung einige Tropfen.

Die Essenzen werden nur in Apotheken zusammengestellt.

Adressen

Dr. Edward Bach Centre, German Office, Himmelstraße 9, 22299 Hamburg, Tel. (040) 4806780, Fax (040) 478048

Dr. Edward Bach Centre, Swiss Office, Mainaustr. 15, CH-8034 Zürich 8, Tel. (01) 3823311, Fax (01) 3823319

Dr. Edward Bach Centre, Austrian Office, Seidengasse 31/1/59, A-1070 Wien, Tel. (0222) 5265651, Fax (0222) 5265652

Bach-Blüten in der Praxis

Was wird bei welchem Leiden angewendet? Das Deutsche Bach-Zentrum in Hamburg hat für uns einen Fall aufgeschlüsselt: Einer achtjährigen Patientin, die seit Monaten an starken ringförmigen Kopfschmerzen litt, werden drei Pflanzenessenzen und Quellwasser empfohlen. Welche Gedanken sind dabei maßgebend? Zum Verständnis wichtig ist auch folgendes: Die Beschwerden des Mädchens ließen sich durch nichts beseitigen. Organisch war das Mädchen, so die Ärzte, durchaus gesund. Die Patientin ist die jüngere von zwei Töchtern eines Lehrer-Ehepaares, ein ruhiger und ehrgeiziger Typ. Die ältere Schwester wirkt wesentlich lebhafter und weniger gewissenhaft. Beide Elternteile achten auf »gerechte Verteilung« ihrer Aufmerksamkeit und Zuneigung.

Hier wurden die Blütenessenzen folgender Pflanzen angewendet, wobei Fachleute die englischen Bezeichnungen verwenden, die auch Dr. Bach benutzte:

Doldiger Milchstern (engl. Star of Bethlehem): Die Blüte empfiehlt sich, wenn ein Mensch eine seelische oder körperliche Erschütterung noch nicht verkraftet oder innerlich verarbeitet hat. Bei der achtjährigen Schülerin war deutlich: Die verschiedenen Untersuchungen hatten sie verwirrt, zumal sie erfolglos geblieben waren.

Ulme (Elm): Anwendung in der Regel dann, wenn man auf einmal das Gefühl hat, seiner Aufgabe oder seiner Verantwortung nicht mehr gewachsen zu sein. Die Patientin fühlte sich tatsächlich in der Schule überfordert.

Quellwasser (Rock Water): Dies hilft, nach Dr. Bachs Erkenntnis, wenn folgende Seelenlage zur Schwierigkeit wird: Man ist sehr streng gegen sich selbst, hat fixierte Ansichten und unterdrückt dabei die eigenen vitalen Bedürfnisse. Unsere Patientin hatte vergeblich versucht, den strengen Anforderungen des Vaters zu entsprechen.

Schottisches Heidekraut (Heather): Zu dieser Essenz griff Dr. Bach, wenn er den Eindruck gewann, daß die Patienten stark selbstbezogen und völlig mit sich beschäftigt waren . . .

Verlauf: Das Mädchen wird mit diesen vier Essenzen behandelt. Die Kopfschmerzen der Achtjährigen klingen im Laufe von ca. zwei Wochen ab, das Mädchen ist spontaner, lebhafter, selbstbewußter. Der Vater sagt: »Sie hat sich herausgemacht.«

Ergebnis: Die Kopfschmerzen sind in den folgenden Monaten nicht mehr aufgetreten.

Buchtips

Edward Bach: »Blumen, die durch die Seele heilen«, Hugendubel-Verlag, München (die wichtigsten Originalschriften von Dr. Edward Bach)

Mechthild Scheffer: »Bach-Blütentherapie, Theorie und Praxis«, Hugendubel-Verlag, München (das Standardwerk zur Bach-Blütentherapie mit den ausführlichsten Beschreibungen der 38 Bach-Blüten)

–: »Erfahrungen mit der Bach-Blütentherapie«, Hugendubel-Verlag, München (mit Fallbeispielen und Fragebogen zur Selbstbestimmung der richtigen Bach-Blütenkombination)

–: »Die praktische Anwendung der Original Bach-Blütentherapie in Fragen und Antworten«, Goldmann-Verlag, München

–: »Selbsthilfe durch Bach-Blütentherapie«, Heyne-Verlag, München (Zusammenfassung der grundlegenden Werke zur Bach-Blütentherapie)

Baum

Bäume gelten – wir zitieren das »Handwörterbuch des Deutschen Aberglaubens« – »als Geistersitz, als beseeltes Wesen, als ein Wesen, dessen Wurzeln in die Tiefe, den Sitz des Unterirdischen reichen«. Die Birke zum Beispiel soll im Volksglauben Hexen abweisen. Deshalb brachte man Birkenzweige an Stalltüren an. Bäume wurden immer schon verehrt und werden jetzt wieder entdeckt: als Sitz magischer Kräfte, als Brüder. Bayerns Märchenkönig Ludwig II. umarmte Bäume – was man ihm als Verrücktheit anrechnete. In der englischen Stadt Gloucester gibt es neuerdings sogar Kurse für »Tree Huging«, Baum-Umarmen. Diese diene dem Streßabbau und sei eine Art Yoga-Übung, berichtet die Zeitschrift »Der Spiegel«. Wie wichtig Bäume für unser Leben sind, sagen uns schon die Naturforscher. Daß wir Bäume schützen, damit sie uns schützen – das ist ein wahrhaft moderner Wunsch.

Bermuda-Dreieck

Gebiet im südwestlichen Nordatlantik zwischen Bermuda-Inseln, Puerto Rico und Florida. Dort sollen zahlreiche Flugzeuge und Schiffe auf geheimnisvolle Weise verschwunden sein. Bekannt geworden durch das Buch »Das Bermuda-Dreieck« von Charles Berlitz. Er glaubt an außerirdische Eingriffe. Für ihn ist das Bermuda-Dreieck »eine Tür oder ein Fenster zu einer anderen Dimension in Zeit oder Raum«. Gegenargument der Kritiker: In diesem Gebiet treten unerwartete Turbulenzen und elektromagnetische Gravitationsstörungen auf, die an manchem Unglück schuld sein können.

Buchtips

Charles Berlitz: »Das Bermuda-Dreieck«, Droemer Knaur-Verlag, München

–: »Spurlos«, Droemer Knaur-Verlag, München

Besessenheit

Dämonen, also böse Geister, ergreifen Besitz von einem Menschen, machen ihn willenlos, quälen ihn: das ist Besessenheit in religiöser Sicht. Die katholische Kirche behandelt auch in ihrem neuen, 1993 veröffentlichten Katechismus die Gefahr von Dämonen. Wörtlich heißt es: »Wenn die Kirche öffentlich und autoritativ im Namen Jesu Christi darum betet, daß eine Person oder ein Gegenstand vor der Macht des bösen Feindes beschützt und seiner Herrschaft entrissen wird, spricht man von einem Exorzismus . . . Der Exorzismus dient dazu, Dämonen auszutreiben oder vom Einfluß von Dämonen zu befreien . . .« Der sogenannte Große Exorzismus darf nur mit Erlaubnis des Bischofs vorgenommen werden. Früher wurden auch Epilepsie, unerklärliche Tobsuchtsanfälle, Verhaltensstörungen als Anzeichen von Besessenheit betrachtet. Deshalb warnt die Kirche, es sei wichtig, »daß man, bevor man einen Exorzismus feiert, sich Gewißheit darüber verschafft, daß es sich wirklich um die Gegenwart des bösen Feindes und nicht um eine Krankheit handelt«.

siehe auch **Exorzismus, Satanskult**

Besprechen

Eine uralte Form des Heilens: Das Wort wird zur Medizin. Gesprochen werden Gebete, geheimnisvolle Worte, die Namen von Heiligen, manchmal verbunden mit Anhauchen oder Berühren. Bekannt ist das Besprechen von Warzen. Das Besprechen gilt als geheime Kunst, die oft in Familien weitervererbt wird. Einst wurde diese magische Form des Heilens als heidnisch bekämpft. Inzwischen sehen auch Geistliche dies anders. Aberglauben-Forscher Friedrich-Wilhelm Haack über das Besprechen: »Auf psychosomatischem Wege, also durch seelische Vorgänge, die auf den Körper einwirken, können verblüffende Erfolge erzielt werden, die jedoch nicht magischer Art sind, sondern von jedem Arzt erklärt werden können (Vertrauen heilt).

Bewußtseinserweiterung

Die Aufnahmefähigkeit des Menschen ist beschränkt – die Bewußtseinserweiterung will neue Dimensionen eröffnen. Sie soll aufnahmefähig machen nicht nur für neue Eindrücke, sondern auch für Inspirationen und Visionen. Meditationen und Atemübungen können zur Bewußtseinserweiterung verhelfen. Lebensgefährlich wird es, wenn dazu Drogen verwendet werden.

Bingen, Hildegard von

Die Äbtissin eines Klosters bei Bingen (1098–1197) wird in der Literatur auch »Sekretärin des Heiligen Geistes«, »Erste Frauenärztin« und »rheinische Sybille« genannt. Die Heilige hinterließ nicht nur theologische Schriften, sondern medizinische Anweisungen und Kräuterrezepte, die ihr – wie viele glaubten – bei Visionen eingegeben worden sind. Auch sie erkannte die geheimnisvolle Wirkung von Edelsteinen.

Buchtips

Hildegard von Bingen: »Heilkraft der Natur. Physica«, Herder-Verlag, Freiburg

Gottfried Hertzka/Wighard Strehlow: »Handbuch der Hildegard-Medizin«, Bauer-Verlag, Freiburg

Bioenergetik

Lebensenergie erfüllt den Menschen, die Atmosphäre. Das glaubte der Psychoanalytiker Wilhelm Reich nachweisen zu können. Der Mensch aber reagiert auf Streß und seelische Schocks mit Verspannungen und Blockaden der Lebensenergie, zum Beispiel mit Orgasmusschwierigkeiten. Reichs Schüler Alexander Lowen entwickelte daraus die Bioenergetik: Methoden wie Atemgymnastik und Massagen, mit deren Hilfe man unterdrückte Gefühle und körperliche Spannungen lösen kann.

Biofeedback

Rückkopplung. Eine medizinische, psychotherapeutische und pädagogische Methode der Selbstkontrolle mit moderner Technik. Instrumente messen Körperfunktionen wie Herzschlag, den elektrischen Widerstand der Haut, die Gehirntätigkeit oder Muskelspannungen und melden sie dem Arzt wie dem Patienten mit optischen Signalen oder Tönen, die z. B. immer tiefer werden, je mehr sich der Körper entspannt. Diese Rückmeldung vertieft Entspannungsübungen und hilft, durch den Willen auf sonst unkontrollierbare Körperfunktionen einzuwirken. Biofeedback hat sich bei Migräne und streßbedingten Erkrankungen bewährt. Eine wertvolle Entspannungshilfe.

Biofeedback in der Praxis

Dr. med. Leonhard Hochenegg, der Wunderheiler von Tirol, setzt neben allen üblichen ärztlichen Methoden auch hochmoderne elektronische Geräte ein. Er sagt: »Menschliches Verhalten und Fehlverhalten ist programmierbar. Daher können sowohl Gesundheit wie Krankheit bis zu einer bestimmten Grenze eintrainiert werden.«

Der Sitz einer Frisur kann im Spiegel gesehen und korrigiert werden. So kann die Unruhe, die Angst, die Anspannung als Zahlenwert oder auch als geometrische Figur sichtbar gemacht werden, um den gegenwärtigen Sollwert zu dokumentieren. Durch das Beobachten der Zahlen oder Figuren kann der Idealzustand innerhalb weniger Übungsstunden erreicht werden. Die so erworbene Ruhe, Entspannung und Ausgeglichenheit hält lange an und bleibt erhalten. Trotzdem sind halbjährige Übungswiederholungen empfehlenswert, um einen Rückfall zu vermeiden.

Es ist, vereinfacht ausgedrückt, ein Gerät, das dem daran angeschlossenen Menschen ermöglicht, an Hand von akustischen Signalen den jeweiligen Zustand seiner Gehirnwellen zu erfahren. Er kann ihre Stärke auf einer Skala ablesen, er kann sie auch auf einem Bildschirm sichtbar machen, als grafische Symbole wie Kreise und Dreiecke. Je größer die gezeichnete Figur, desto größer auch die Stärke der Wellen, die einen Zustand der Entspannung und damit die Kraft zur Kreativität und zum Lernen erkennen lassen.

Mit etwas Übung kann der Patient diese Wellen auch kontrollieren. Hier ist jedoch Dr. Hochenegg an der Kontrolle beteiligt, er verhilft dem Kranken durch ruhiges Sprechen und durch eine individuell abgestufte Hypnosetechnik zu entspanntem Zustand, zur »Alphawellen-Tätigkeit« im Gehirn.

Biorhythmus

Jeder Mensch kennt Hochs und Tiefs, Schwankungen der Stimmungen je nach der Tageszeit. Schon 1906 erkannte der Berliner Sanitätsrat Wilhelm Fließ die Gesetzmäßigkeit der inneren Uhr. Daraus wurde die Wissenschaft der Chronobiologie.

Populär wurde die Lehre vom Biorhythmus durch das Buch des Amerikaners George S. Thommen »Is This Your Day?« (»Ist dies Ihr Tag?«), das 1973 erschien.

Der vereinfachte Biorhythmus geht davon aus, daß körperliche Aktivität, geistige Leistungen und der Seelenzustand sich in verschiedenen Kurven entwickeln. Maßgebend sind ein Auf und Ab innerhalb von jeweils 23, 28 und 33 Tagen. Dafür gibt es eigene Computerrechenprogramme, die auf dem Bildschirm die Entwicklung sichtbar machen: Es beginnt bei der Geburt mit null. Dann gehen die Kurven auseinander, sinken und steigen, um sich gelegentlich auch zu decken. Die Kenntnis der Tage, an denen wahrscheinlich ein Hoch oder Tief erreicht ist, kann Menschen helfen, sich darauf einzustellen und dementsprechend zu reagieren. Gegenmeinung: Zwar gibt es die innere Uhr und erkennbare Schwankungen der Leistungskraft. Doch dies laufe nicht bei jedem Menschen gleich ab.

Buchtips

Walter Appel: »Handbuch Biorhythmus«, Goldmann-Verlag, München

Gerhard Leibold: »Mein Biorhythmus, meine innere Uhr«, Humboldt-Verlag, München

Buddha

Aus dem Sanskrit übersetzt: der Erwachte, der Erleuchtete. Im Westen denkt man dabei zunächst an den historischen Buddha: Prinz Siddhartha Gautama (ca. 560–480 v. Ch.), Sohn eines Fürsten im heutigen Nepal. Er verließ das behütete Leben am Hof des Vaters und wandte sich nach Jahren der Askese der Meditation zu. Nach der Legende hat er 39 Tage meditierend unter einem Baum verbracht – bis zur vollkommenen Erleuchtung, bis er die Wahrheit über Welt und Mensch erkannte. Für seine Gefährten und Jünger war er nun Buddha, der Erleuchtete. In den folgenden Jahren zog er als Lehrer durchs Land.

Siddhartha Gautama ist für Gläubige nicht der einzige Buddha. Diese Bezeichnung gilt im Grunde für jeden, der im buddhistischen Sinne die vollkommene Erleuchtung verwirklicht. Das klassische »Lexikon der östlichen Weisheitslehren« sagt dazu: »Buddha hat jede Art von Gier überwunden; obwohl auch er angenehme und unangenehme Empfindungen hat, wird er von ihnen nicht beherrscht und bleibt im Inneren davon unberührt. Nach seinem körperlichen Tod wird er nicht mehr wiedergeboren.«

Den Kern der buddhistischen Lehre faßt das »Lexikon der Sekten, Sondergruppen und Weltanschauungen« anschaulich in diesem Satz zusammen: »Der Welt der Vergänglichkeit und des Wandels steht als Heil und Erlösung das Nirwana gegenüber, ein unbedingter und aus den Fesseln der Individualität befreiter Zustand . . .« Sekten und Sondergruppen unserer Zeit haben viele Lehren des Buddhismus übernommen, so daß Zeitungen bereits von einer neuen Modereligion sprechen.

Adressen

Deutsche Buddhistische Union, Dachauer Str. 107, 80335 München, Tel. (089) 5231212

Buddhistische Gesellschaft München e.V., c/o Christa Bentenrieder, Sudetenstr. 122, 85567 Grafing, Tel. (08092) 31886

Buddhistische Gesellschaft Berlin e.V., Wulffstr. 6, 12165 Berlin, Tel. (030) 7928550

Buddhistische Gesellschaft Hamburg e.V., Beißerstr. 23, 22337 Hamburg, Tel. (040) 6313696

Buddhistischer Kreis Stuttgart e.V., Glockenblumenstr. 9, 70563 Stuttgart, Tel. (0711) 734256

Österreichische Buddhistische Religionsgesellschaft, Fleischmarkt 16, A-1010 Wien, Tel. (0222) 5123719

Buddhistische Gemeinschaft Jodo Shin, c/o Friedrich Fenzel, Merianstr. 29/4/52, A-5020 Salzburg, Tel. (0662) 879951
Schweizerische Buddhistische Union, Dachverband, c/o Dr. Rolf Hafner, Wiedingstr. 18, CH-8055 Zürich, Tel. (01) 4611524

Buchtips
Samuel Bercholz/Sherab Chödzin: »Ein Mann namens Buddha«, O. W. Barth-Verlag, München
Hans-Joachim Klimkeit: »Der Buddha – Leben und Werk«, Kohlhammer-Verlag, Stuttgart
Thich Nhat Hanh: »›Alter Pfad, weiße Wolken‹ – Leben und Werk des Gautama Buddha«, Theseus-Verlag, Küsnacht und München
»Lexikon der östlichen Weisheitslehren«, O. W. Barth-Verlag, München
Sogyal Rinpoche: »Das tibetische Buch vom Leben und vom Sterben«, O. W. Barth-Verlag, München

Castaneda

Ein Bestsellerautor und Guru der siebziger Jahre: Carlos Castaneda, amerikanischer Schriftsteller und Völkerkundler brasilianischer Herkunft, berichtet von Erfahrungen seines Lehrers, des Yaqui-Indianers Don Juan Matu, der ihn einführt in die Magie anderer Welten. Castaneda wird auch von Skeptikern bewundert. So schrieb die amerikanische Zeitschrift »Time«: »Entweder erzählt Carolos die exakte Wahrheit über sich und Don Juan – dann ist er ein großer Anthropologe. Oder er erzählt eine imaginäre Geschichte – dann ist er ein großer Erzähler.« Sein erstes Buch, 1973 in Deutsch erschienen: »Die Lehren des Don Juan«.

Buchtips

Carlos Castaneda: »Die Kunst des Träumens«, Fischer-Verlag, Frankfurt

Graciela Corvalan: »Der Weg des Tolteken. Gespräch mit C. C.«, Fischer-Verlag, Frankfurt

Chakra

Das Sanskritwort wird mit Rad oder Lotusblume übersetzt. Chakras sind nach alter indischer Lehre radähnliche Kraft- und Energiewirbel im Astralleib, also im geistigen Teil des menschlichen Körpers. Es gibt angeblich Tausende dieser Energiezentren – wichtig für die Erforschung außersinnlicher Wahrnehmungen sind sieben Haupt- und sechs Nebenchakras. Die Chakras sind durch Kanäle miteinander verbunden, durch sie wird Energie aufgenommen oder abgegeben. Der Kraftstrom kann, so wird gelehrt, durch Übungen beeinflußt werden.

Buchtip

Shalila Sharamon/Bodo Baginski: »Das Chakra-Handbuch«, Windpferd-Verlag, Aitrang

Channeling

Aus dem Englischen: kanalisieren. Hier wird ein Kanal zu anderen geistigen Dimensionen eröffnet. In Trance holt sich ein Medium

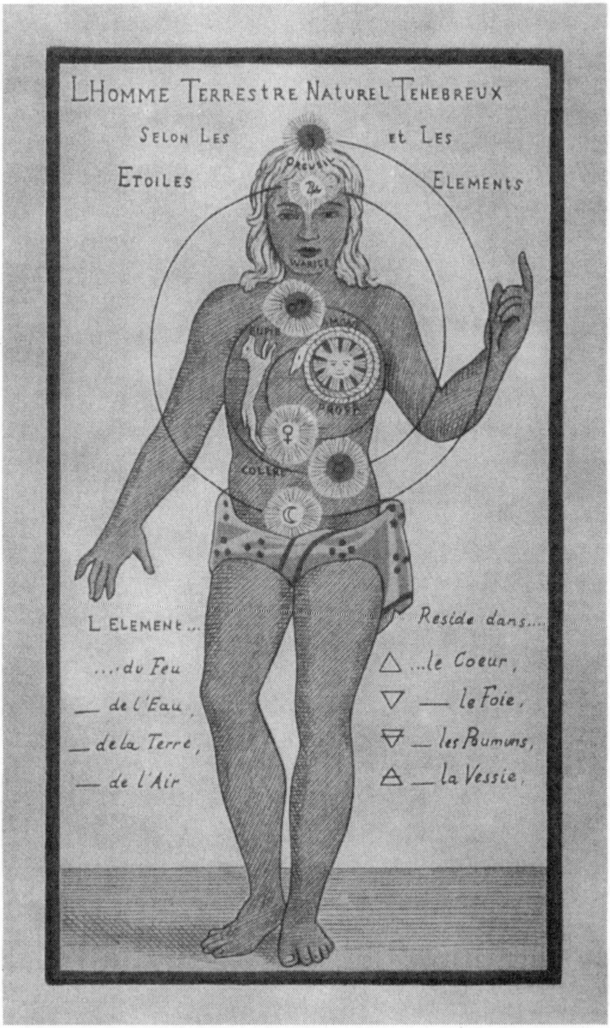

Das sind die Kraft- und Energiezentren im menschlichen Körper. Die verschiedenen wirbelförmigen Chakras sind durch Kanäle miteinander verbunden. Sie sind der Kraft-Transfer.

Wissen und Botschaften aus einer höheren Bewußtseinsebene. Hier geht es nicht um Mitteilungen etwa von Verstorbenen. Durch Channeling werde, heißt es in der Fachliteratur, »universelles Weltbewußtsein« angesprochen. Ein berühmtes Channeling-Medium ist die Amerikanerin Jane Roberts.

Adresse
Arizona Metaphysical Society, Director Dr. Frank Alper, P.O. Box 44027, Phoenix, Arizona 85064, Tel. (602) 956–1676

Charisma

Griechisch: Gnadengabe. Damit ist die Kraft gemeint, die begnadete Menschen ausstrahlen. Jene Kraft, die die anderen in ihren Bann zieht, sie zu gläubigen Anhängern macht – manchmal entgegen aller Vernunft. Die katholische Kirche sieht Charisma ausschließlich religiös: »Die Charismen, ob außergewöhnlich oder schlicht und bescheiden, sind Gnadengaben des Heiligen Geistes, die direkt oder indirekt der Kirche dienen . . .«

Chinesisches Horoskop

Als Buddha die Tiere rief, kamen zwölf sofort zu ihm. Jedem schenkte er ein Jahr – so erzählt es die Legende. Das chinesische Horoskop baut darauf. Es entstand ein 12-Jahres-Zyklus – jedes Jahr steht im Zeichen eines Tieres und unter dem Einfluß eines der fünf Elemente: Metall, Wasser, Holz, Feuer und Erde. Den Tiersymbolen werden bestimmte Eigenschaften zugesprochen, die für das Jahr gelten und den Charakter des Menschen, der unter diesem Zeichen geboren wurde, prägen sollen. Es gibt viele westliche Auslegungen der asiatischen Tierkreiszeichen. Wir wollen hier China selbst zu Wort kommen lassen. Die Taiwan-Information übermittelte uns freundlicherweise, wie man zu Hause in Fernost die Tierkreiszeichen einschätzt.

Die zwölf Tiersymbole sind: Ratte, Büffel, Tiger, Hase, Drache, Schlange, Pferd, Schaf, Affe, Huhn, Hund und Schwein. Die Gruppe von zwölf Zeichen dient einem ähnlichen Zweck wie das Jahrzehnt. Fünfmal (von den fünf Elementen abgeleitet) wiederkehrende zwölf Symbole bilden den chinesischen »Zyklus von sechzig«, den Zyklus von Cathay.

Folgende Tiersymbole kennt das Chinesische Horoskop und es werden ihnen diese Eigenschaften zugesprochen:

Ratte: Arbeitet hart, ehrgeizig, geduldig. Kann geizig sein, obwohl Nahestehenden gegenüber großzügig. Charmant. Klatscht gerne.

Büffel: Ruhig und besonnen. Sie flößen Vertrauen ein, oft jedoch schwankend und unbeherrscht. Wortgewandt und ein geschickter Handwerker. Stur und nicht gerade leidenschaftlich.

Tiger: Stark und mutig, flößt dem Gegenüber Respekt ein. Sensibel und intelligent.

Hase: Rechtschaffen und konservativ. Gelten als clevere, verläßliche Geschäftspartner, meist vom Glück verfolgt. Hasen gehören zu den eher stillen Typen.

Drache: Energisch, gesund, treu. Sie bekommen meist das, was sie sich wünschen. Obwohl von allen bewundert, machen sie sich oft Sorgen um ihre Gefühle.

Schlange: Gefühlsbetont, klug, oft haben sie jedoch ein gestörtes Verhältnis zu ihren Mitmenschen. Ihnen werden übernatürliche Kräfte zugesprochen. Hilfsbereit gegen andere, die weniger Glück als sie haben. Leidenschaftlich und attraktiv.

Pferd: Gesprächig und schnell. Können gut mit Geld umgehen und sind beruflich erfolgreich. Gut aussehend und intelligent. Pferde lieben die Freiheit und gehen früh aus dem Hause.

Schaf: Großzügig und voller Mitgefühl, fromm und ziemlich schüchtern. Sie geben gute Ehepartner ab. Künstlerische Begabung.

Affe: Klug, originell, doch auch boshaft und verschlagen. Sie stehen gerne im Mittelpunkt und zeigen für andere wenig Achtung. In Gelddingen sind sie versiert.

Huhn: Sie fangen vieles an, vollenden jedoch nur wenig. Ihre Meinung ist stark persönlich geprägt. Extrovertiert und tapfer. Unterliegen Stimmungschwankungen, vertiefen sich sehr in ihre Arbeit.

Hund: Ehrlich und vertrauenerweckend. Sie behalten Geheimnisse und haben einen ausgeprägten Gerechtigkeitssinn. Sie arbeiten hart, und man kann sich auf sie verlassen.

Schwein: Höflich und pflichtbewußt. Sie weichen Streit eher aus, obwohl sie leicht unbeherrscht sind. Das Zeichen des Schweins steht für Reichtum, doch die Menschen neigen oft zu Verschwendung.

Der chinesische Tierkreis ist ein so kompliziertes Gebilde, daß es nur die versierten Wahrsager und Wissenschaftler wirklich beherrschen. Doch viele Chinesen sehen die oben angeführten Charakterzüge für eine Person als bestimmend an. Noch heute wird oft bei der Wahl des Partners darauf geachtet, daß die Tierkreiszeichen harmonieren.

Trotz des westlichen Einflusses in Taiwan ziehen viele Geschäftsleute die alten Tierkreiszeichen-Bücher zu Rate und holen einen Wahrsager, um das glücklichste Datum für eine Geschäftseröffnung oder eine wichtige Entscheidung herauszufinden:

Ratte: 1888, 1900, 1912, 1924, 1936, 1948, 1960, 1972, 1984.
Büffel: 1889, 1901, 1913, 1925, 1937, 1949, 1961, 1973, 1985.
Tiger: 1890, 1902, 1914, 1926, 1938, 1950, 1962, 1974, 1986.
Hase: 1891, 1903, 1915, 1927, 1939, 1951, 1963, 1975, 1987.
Drache: 1892, 1904, 1916, 1928, 1940, 1952, 1964, 1976, 1988.
Schlange: 1893, 1905, 1917, 1929, 1941, 1953, 1965, 1977, 1989.
Pferd: 1894, 1906, 1918, 1930, 1942, 1954, 1966, 1978, 1990.
Schaf: 1895, 1907, 1919, 1931, 1943, 1955, 1967, 1979, 1991.
Affe: 1896, 1908, 1920, 1932, 1944, 1956, 1968, 1980, 1992.
Huhn: 1897, 1909, 1921, 1933, 1945, 1957, 1969, 1981, 1993.

Hund: 1898, 1910, 1922, 1934, 1946, 1958, 1970, 1982, 1994.
Schwein: 1899, 1911, 1923, 1935, 1947, 1959, 1971, 1983, 1995.

Buchtips

Michele Curcio: »Lebensberatung: Chinesische Astrologie«, Ariston-Verlag, Genf
Georg Haddenbach: »12 Tierzeichen. Chinesisches Horoskop«, Falken-Verlag, Niedernhausen
Derek Walters: »Chinesische Astrologie«, Markt und Technik-Verlag, Zürich

Chirologie

Die Kunst des Handlesens. Sie ermöglicht Persönlichkeits- und Charakteranalysen. Die Eigenschaften des Menschen spiegeln sich in den Linien der Innenhände, den dazwischenliegenden »Bergen« und deren eigenartiger Verbindung, oft auch aus der Gestalt der Finger und Nägel. Hauptlinien der Hand sind die Lebenslinie, Kopflinie, Herzlinie und Schicksalslinie. Hier wird der Charakter dargestellt. Die Chiromantie benutzt dagegen die Handlinien zur Zukunftsdeutung, zur Wahrsagerei.

Chirologie in der Praxis

So können Sie die Linien Ihres Lebens selbst deuten: Es gehört nicht viel dazu: eine gute Anleitung, ein Vergrößerungsglas und die Fähigkeit, logisch zu denken. Und das Wissen: Die Bedeutung der linken Hand und die der rechten unterscheiden sich.

Grundsätzlich gilt: Sämtliche Anlagen eines Menschen, seine Möglichkeiten und Fähigkeiten also, sind in die linke Hand gezeichnet. In der rechten Hand wird sichtbar, was der Mensch aus seinen Anlagen gemacht hat, das Handeln und Tun also. Links die Möglichkeit, rechts die Wirklichkeit.

In der Chiromantik gibt es ein paar Begriffe, die Sie sich merken sollten. Beginnend vom kleinen Finger: Merkurberg, Sonnenberg, Saturnberg, Jupiterberg und – am Daumen – Marsberg. Hiermit werden jeweils die letzten Fingerglieder vor der Handfläche bezeichnet.

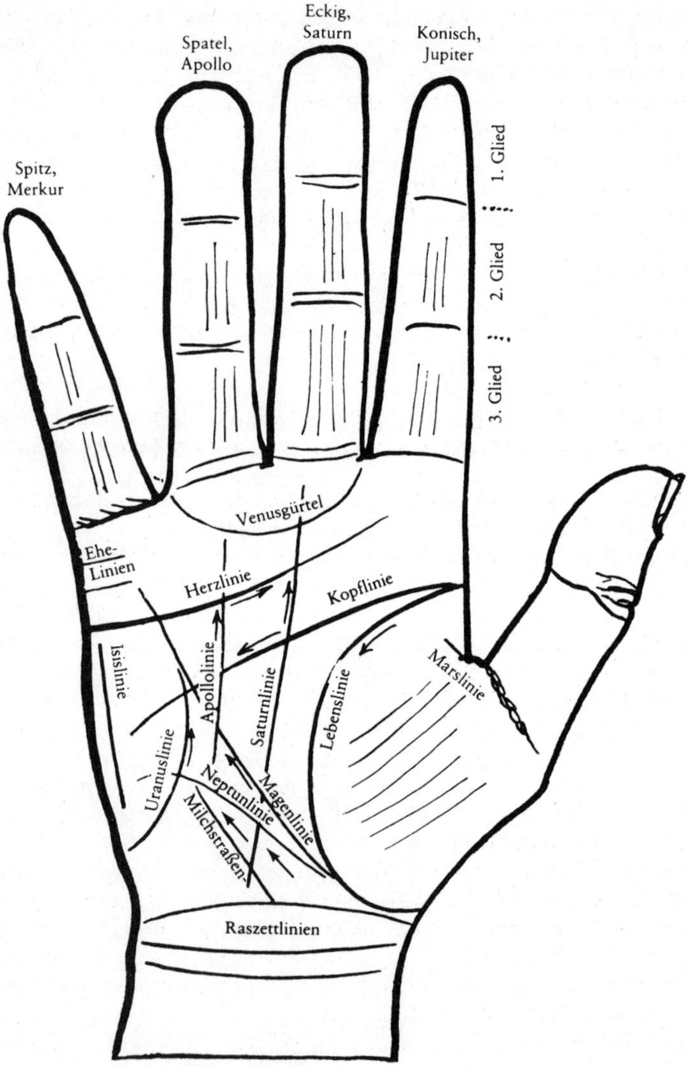

Was Handlinien über das Schicksal eines Menschen verraten können.

Dann die wesentlichen Linien: Am Handgelenk – die Neptunlinie, unterhalb des Daumens – der Venusberg, an der Außenseite der Hand – der Mondberg. Mitten durch die Hand verläuft die Schicksalslinie, parallel nach außen zu ihr die Sonnenlinie. Die Uranuslinie ist halbkreisförmig in den äußeren Teil der Innenhand gezogen und begrenzt den Marsberg. Der Venusgürtel zieht sich vom Ringfinger kreisförmig zum Zeigefinger. Die Herzlinie entspringt unterhalb des Zeigefingers und verläuft quer über die Handfläche nach außen. Die Kopflinie entspringt oberhalb des Daumens und endet in der Uranuslinie. Die Merkurlinie läuft vom Daumen über die ganze Hand zum kleinen Finger. Die wichtige Lebenslinie beginnt oberhalb des Daumens und zieht sich halbmondförmig zur Handwurzel.

Und so lesen Sie richtig:

Schöner *Jupiterberg*: Nachdenklichkeit, Erfindungsgeist, guter Kamerad und Vater. Zu großer Jupiterberg: Bequemlichkeit und Hochmut.

Ausgeprägter *Saturnberg*: Starke Persönlichkeit, gitterartige Linien darauf: ein mühseliges Dasein.

Deutlicher *Sonnenberg*: Ideale Gesinnung, künstlerisches Talent, ausgeprägtes Freiheitsgefühl; Querlinien: Krankheit, Längslinie: großes Glück.

Linien auf dem *Merkurberg*: Jede dieser Linien zeigt eine längere Partnerschaft. Gerade Linie: reiche Heirat, Kreuz: Trennung.

Unauffälliger *Mondberg*: Einbildungskraft, Abenteuersucht, Schwärmerei; großer Mondberg: Melancholie, wirre Linien auf dem Mondberg: empfindliche Seele.

Unauffälliger *Venusberg*: freundlicher Sinn, Liebe zur Menschheit; feine Furchen: Feinfühligkeit im sexuellen Bereich; tiefe Furchen: ein Draufgänger!

Lange *Schicksalslinie*: Erfolg aufgrund persönlicher Verdienste; Beginn erst in der Handmitte: ein Dasein voller Mühe und Arbeit.

Lange *Lebenslinie*: hohes Alter; Unterbrechungen bedeuten Krankheiten; doppelte, feine Lebenslinie: Hang zum Luxus; doppelte grobe Lebenslinie: kräftige Natur; Verbindung mit der Kopflinie: Verschlossenheit und Mißtrauen.

Das Fehlen der *Gesundheitslinie* ist kein schlechtes Zeichen! Reicht die *Sonnenlinie* bis zur Lebenslinie: Begabung und Erfolg!

Buchtips

Gertrud Hürlimann: »Handlesen ist erlernbar«, Markt und Technik-Verlag, München

Ursula von Mangoldt: »Schicksal in der Hand«, Droemer Knaur-Verlag, München

Ernst Issberner-Haldane: »Die wissenschaftliche Handlesekunst – Chirosophie –. Die Weisheitslehre der Hand«, Bauer-Verlag, Freiburg

Déjà-vu-Erlebnis

Man kommt in ein völlig fremdes Haus, an einen neuen Ort, in eine neue Situation – und plötzlich stellt sich das Gefühl ein: »Das habe ich doch schon einmal erlebt.« Eine Sinnestäuschung? Wird die Erinnerung an längst Vergessenes aus dem Unterbewußtsein geholt? Ein Beweis der Wiedergeburt? All dies wird zur Erklärung der Déjà-vu-Erlebnisse angeführt. Das sind übrigens Phänomene, denen sich so gut wie jeder Mensch bereits ausgesetzt sah.

(Worterklärung: Französisch: déjà = schon einmal, vu = gesehen.)

Drittes Auge

Auf der Stirn des indischen Gottes Schiwa soll ein drittes Auge entstanden sein, dessen Strahlen Berge zu verbrennen vermochte. Dieser Begriff wurde durch den okkulten Schriftsteller Lobsang Rampa bekannt gemacht (ein Name, hinter dem sich ein Engländer verbarg). Sein Buch »Das dritte Auge« wurde ein internationaler Bestseller. Das »dritte Auge« mitten auf der Stirn ist das sechste der sieben Chakras, ein Energiezentrum nach indischen Lehren: immer der Ausgangspunkt magischer Kräfte.

Druden

Drude, Drud und Trut: Zumeist Bezeichnung für Hexen, dämonische Wesen und böse Nachtgeister, die Alpträume verursachen und schlimmen Zauber treiben können. Trudensteine sind zum Beispiel Felsen, auf denen sich Truten/Druden versammeln. Als Schutz gilt der Drudenfuß, ein Fünfeck. Schon das berühmte Grimmsche Wörterbuch sah Grund zu dem Hinweis: Druden sind keine Ableitung von Druiden.

Druiden

Lassen wir uns zunächst vom Lexikon (Brockhaus) belehren: »Keltische Priesterkaste in Gallien und auf den britischen Inseln, vergleichbar den Brahmanen in Indien.« Das Fachbuch »Die Druiden« von Jean Markale geht weiter: »Im heutigen Sprachgebrauch bezeichnet dieser Begriff (Druidentum) den gesamten Bereich von Religion, geistiger Spekulation, kultischen und magischen Praktiken und angeblich profanem Wissen aus dem Umkreis der keltischen Priesterschaft.« Schon Caesar würdigte die Rolle der Druiden in seinem Buch »De bello gallico«: »Die Druiden versehen den Götterdienst, besorgen die öffentlichen und privaten Opfer und legen die Religionssatzungen aus. Bei ihnen finden sich junge Männer in großer Zahl zur Unterweisung ein.« Aus der Priesterkaste der Vergangenheit wird eine neue Bewegung. Das »Lexikon der Sekten« spricht von einer »Renaissance der Kelten«. So entstanden Druiden-Orden, die keltische Rituale wiederbeleben. Als Kraftstätte der Druiden galt zum Beispiel einst in England der geheimnisvolle Felsenbau Stonehenge. Dort wollen jetzt auch die modernen Druiden wieder ihre Wintersonnenwende feiern.

Buchtip
Jean Markale: »Die Druiden – Gesellschaft und Götter der Kelten«, Goldmann-Verlag, München

Edelsteine

Ruth Maria Kubitschek nimmt gerne Edelsteine zur Hand – nicht nur als Schmuckstücke, sondern als Kraftquellen. Daß funkelnde Edelsteine Zauberkräfte besitzen, daß sie sogar heilen oder Unheil abwenden können, wußte man schon im Altertum. Damals wurden zerstoßene Edelsteine sogar Heiltränken oder Salben beigemischt. Auch die von den Steinen ausgehenden Schwingungen sollen die Energiezentren der Menschen beeinflussen können. Sie werden deshalb auf Körperstellen aufgelegt – als Magnet, der Störungen an sich ziehe oder vertreibe. Uralt auch, daß Edelsteine als Glücksbringer und Amulette verwendet werden. In der Astrologie werden bestimmte Edelsteine den Sternzeichen zugeordnet.

Buchtips

Helga Pöltinger: »Harmonie und Heilkraft durch Edle Steine«, Pinguin-Verlag, Innsbruck

Ulrike Scharner: »Edelsteine – Heilkräfte, die aus der Erde kommen«, Asinel-Verlag, Hameln

Mellie Wyldert: »Verborgene Kräfte der Edelsteine«, Hugendubel-Verlag, München

Elektrische Stimmphänomene

Einige Medien – Menschen mit der Begabung für außersinnliche Wahrnehmungen – glauben sehr fest, mit dem Tonband Stimmen aus einer anderen Sphäre einfangen zu können. Ihre Experimente laufen in der Regel so ab: In einem Raum, in den kein Geräusch von außen eindringt, wird ein Tonbandgerät eingeschaltet. Natürlich wird vorher sichergestellt, daß das Band leer, also unbenutzt ist. Ringsherum Stille. Doch beim Rückspulen sind manchmal Wörter oder Satzteile zu hören, oft sehr schwach, auch vom Inhalt sehr schwer verständlich. Für die Medien handelt es sich um Stimmen aus dem Jenseits. Sie versuchen bei ihren Experimenten, bestimmte Wesen direkt anzusprechen und Botschaften an andere weiterzugeben. Umstritten die Auslegung der oft rätselhaften Wörter. In einigen Fällen wurden auch von Funkern Radiosignale aufgefangen, die nach Ansicht von Fachleuten keinen irdischen Ursprung haben konnten.

Energiesystem

Energiefelder im Menschen, Energieübertragung, Messung der Energieausstrahlung: Wer sich mit Akupunktur, Gedankenübertragung, Heilung durch Handauflegen beschäftigt, muß sich gleichfalls mit dem Thema Energie auseinandersetzen. Bereits in der chinesischen und indischen Literatur des Altertums ist von einer kosmischen Urenergie die Rede. Die Energieströme im Körper und ihre Kanäle können Störungen unterworfen sein, sind beeinflußbar. Das ist die Grundlage für Akupressur und Akupunktur. Läßt sich Energie von Mensch zu Mensch, vielleicht sogar auf Pflanzen übertragen? Heiler liefern dafür

Der Wiener Energetiker Josef Moser von Mosim hat Patienten in aller Welt.

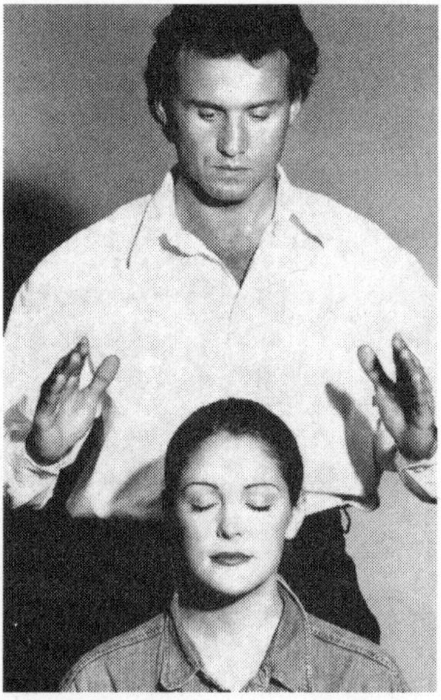

Der Heiler Josef von Mosim überträgt ohne Berührung seine Energie.

überzeugende Beispiele. Aufsehen erregten Experimente mit dem Energetiker Josef Moser von Mosim aus Österreich. Ein Arzt in Wien, Dr. med Alexander Pauser, kontrollierte einen Versuch, bei dem meßbare Veränderungen der Gehirnströme von Menschen festgestellt wurden, auf die Mosim Energie übertrug.

siehe auch **Yin und Yang**

Energieübertragung in der Praxis

Pendler, Hellseher, Geistheiler, Medien und andere Menschen mit übernatürlichen Fähigkeiten haben tatsächlich Hochkonjunktur. Nach aktuellen Untersuchungen gibt es bereits 20 bis 30 Millionen Deutsche, die für alternative Heilmethoden 10 bis 17 Milliarden Mark ausgeben. Die Ärzte lehnten bisher Behandlung mit Naturmethoden und unerforschten Kräften streng ab. Inzwischen ist ein Wandel zu beobachten. Schon werden Patienten von Medizinern an Naturheiler überwiesen, wenn deren Erfolge nachprüfbar sind. Die Anfänge dazu fanden bereits vor Jahrzehnten in England statt. Daß Ärzte sogar Energieübertragung von Mensch zu Mensch für möglich halten – das ist auf den 28jährigen Heiler Josef Moser von Mosim mit zurückzuführen. Seine Fähigkeiten durfte er bereits in der Fernsehsendung »Talk im Turm« demonstrieren: Von Mosim, so zeigt sich, geht eine geheimnisvolle Kraft auf.

Test mit Mosim: Da steht eine angesehene Managerin vor ihm. Er berührt sie nicht, streicht mit seinen Händen mehrfach an ihrem Körper vorbei. An einer Stelle des Unterleibs stockt er: Da sind Störungen.

Die Managerin ist verblüfft, man sieht es ihr an. Hinterher erzählt sie, was sie bisher selbst engen Freunden verschwiegen hat. Genau dort hatte sie eine gefährliche Operation an der Baucharterie.

Wie hat Mosim das gespürt?

Testfall 2: Vor Mosim – wir sehen zu – sitzt eine junge Frau. Herzrhythmusstörungen. Das Herz schlägt unregelmäßig. Mosim hält die Hände über ihren Oberkörper, er ächzt, er strengt sich an. Das täuscht er nicht nur vor. Hinterher sieht man: Sein Hemd ist durchgeschwitzt. Hinterher sagt die junge Frau: »Ich habe es richtig gespürt, daß da Energie auf mich überströmte.« Die Herzrhythmusstörungen sind vorüber.

Andere erzählen, daß sie nach der Behandlung ruhiger wurden. Oder kraftvoller. Es gibt viele solcher Aussagen. Die allerjüngste: »Mir ist, als hätte ich eine Massage hinter mir. Total entspannt«, sagt gerade eine gestreßte Kollegin, die mit ihm für diesen Bericht nur telefoniert hat. Sie aber glaubt, seine Kraft auch durchs Telefon zu spüren. Gerade rannte sie sehr hektisch durchs Haus. Jetzt ist sie ganz ruhig, fast müde.

Was soll das für eine Kraft sein, die er überträgt? Und die so unterschiedliche Wirkung hat? Die entspannt oder die neue Kraft gibt? Und die Gesundheitsstörungen erkennen läßt? Ist er ein Wunderheiler?

»Das bin ich nicht«, sagt Josef von Mosim. »Ich bin einfach Energetiker.«

Und das erklärt er so: In jedem Menschen fließt Energie. Ein Kraftfeld. »Ich nehme seine Schwingungen in Form von Gefühlen auf. Ich spüre Angst, Unsicherheiten, Schwierigkeiten. Ich spüre auch, wenn die Energie meines Gegenübers blockiert ist. Er braucht gar nichts zu sagen.«

Mosim tastet mit den Händen das Energiefeld des anderen ab – was geschieht dabei? »Ich übertrage meine Energie auf ihn, ich versuche sein Energiefeld zu stabilisieren und Blockaden zu öffnen. Wenn dies gelingt, wenn sich Blockaden und Ängste lösen, wird automatisch Energie frei und ein Selbstheilungsprozeß beginnt. Viele Gesundheitsstörungen sind wirklich nur Störungen des Kraftfelds.«

Hilft seine Energie immer?

»Ich habe Spontanerfolge erlebt, aber es gibt auch Menschen, die öfter zu mir kommen müssen. Das hängt vom einzelnen ab. Wenn ein Mensch ganz offen ist, kann alles innerhalb von Sekunden geschehen . . .«

Josef von Mosim ist auch deshalb selbstsicher, weil solche übersinnlichen Kräfte bei ihm zu Hause als selbstverständlich gelten. Seit sechs Generationen gibt es in seiner Familie Menschen – alles Frauen –, die ihre Kraft an andere weitergeben konnten. Er spürte das schon als kleiner Bub, wenn er für andere Gefahren vorausahnte: »Aber ich bin kein Wahrsager, eher ein Hellseher. Das müssen Sie unterscheiden. Der eine will in die Zukunft blicken, während ich manches eben am Energieumfeld spüre.«

Ein Schlüsselerlebnis für Mosim – eigentlich der Tag, an dem er sich selbst entdeckte – war eine Begegnung mit einem Indianer in Kanada.

Gerade 17 Jahre alt, ruderte Mosim über einen stillen See zu einer Insel. Dort sah er einen alten Mann, einen Indianer, wie es sich herausstellte. Der winkte ihn zu sich. »Wir haben uns angeschaut, und sofort war die Verbindung da. Er nahm meine Hand und legte seine darüber. Meine Hand wurde plötzlich ganz warm, mein ganzer Körper begann zu vibrieren. Und dann sagte er: »Du kannst es genauso . . .« Mosim probierte es sofort aus – jetzt erst wurde Mosim sich seiner Fähigkeiten bewußt.

Einbildung? Mosim hat sich dazu Ärzten zu einem Experiment gestellt. Ein Arzt in Wien, Dr. med. Alexander Pauser, kontrollierte den Versuch. Fünf Personen wurden in der Praxis eines Spezialisten an Geräte zur Messung ihrer Gehirnströme angeschlossen. Jede Sekunde wurde festgehalten. Josef von Mosim saß mittlerweile in einem anderen Raum – ohne Kontakt zu der Versuchsgruppe. Und er sollte versuchen, zu genau festgesetzten Zeiten auf die Menschen im anderen Zimmer einzuwirken – ohne ihr Wissen, durch Wände hindurch. Das Ergebnis gibt zu denken: Bei der Auswertung wurde festgestellt, daß sich genau zu den angegebenen Zeiten Verschiebungen gewisser Gehirnströme vom Alpha- in den Thetabereich ergeben haben. Die Schwingungen hatten sich genau zu den von Mosim angegebenen Zeiten sehr verlangsamt – Veränderungen, die »mit Zufall nicht zu erklären sind«, wie Dr. Pauser schreibt. »Ein höchst erstaunliches Ergebnis«, sagt Pauser. Bei einer Versuchsperson änderten sich die Gehirnstromwerte nicht. Auch das war eingeplant. Josef von Mosim hatte sich nicht auf sie konzentriert. Man wollte prüfen, ob die Versuchspersonen sich vielleicht gegenseitig in eine gewisse Hysterie hineingesteigert hätten. Ein »Doppelblindversuch«. Auch der die Gehirnströme messende Arzt wußte nicht, wann sich Mosim auf wen konzentrierte. Für Dr. Pauser ist klar, »daß irgendeine Form von Kommunikation« stattfand – auch wenn man nicht wisse, »welcher Art sie war, und auch nicht, ob sie zum Vorteil der Probanden gereichte«. Dr. Pauser stand sogar in der Fernsehsendung »Talk im Turm« auf, um dies zu berichten – womit er zugab, was andere Ärzte noch nur sehr zögernd einräumen: Daß es Energieübertragung gibt.

Engel

Wörtlich übersetzt: Bote. »Ihre Funktion als Mittler zwischen Himmel und Erde, als göttliche Boten und Beschützer des Menschen ist tatsächlich unzähligen religiösen Traditionen vertraut«, sagt uns Paola Giovetti in ihrem Buch »Engel«. Selbst gläubige Christen müssen manchmal erst daran erinnert werden, daß es sich nicht um Märchenwesen handelt oder um Symbolgestalten. Der neue Katechismus der katholischen Kirche sagt eindeutig: »Daß es geistige, körperlose Wesen gibt, die von der Heiligen Schrift für gewöhnlich ›Engel‹ genannt werden, ist eine Glaubenswahrheit. Das bezeugt die Schrift ebenso klar wie die Einmütigkeit der Überlieferung . . . Als rein geistige Geschöpfe haben sie Verstand und Willen; sie sind personale und unsterbliche Wesen. Sie überragen alle sichtbaren Geschöpfe an Vollkommenheit.«

Diese Darstellung Tiepolos zeigt einen der Erzengel.

Buchtips

Sophy Burnham: »Engel, Erfahrungen und Reflexionen«, Walter-Verlag, Düsseldorf

Paola Giovetti: »Engel – die unsichtbaren Helfer der Menschen«, Ariston-Verlag, Genf
–: »Engel«, Heyne-Verlag, München
H. C. Moolenburgh: »Engel als Beschützer und Helfer der Menschen«, Bauer-Verlag, Freiburg

Erdstrahlen

Bislang von Wissenschaftlern heftig bestritten, werden neuerdings Erdstrahlen auch von Ärzten ernst genommen. Selbst moderne Krankenhäuser nehmen bei ihren Bauten darauf Rücksicht. Strahlungen, die aus der Erde kommen, sollen Krankheiten, zumindest Beschwerden wie Schlaflosigkeit auslösen können. Oft genüge es schon, Betten aus dem Bereich von Strahlungsschnittpunkten zu entfernen, um Gesundheitsstörungen verschwinden zu lassen. Wünschelrutengänger und Pendler glauben diese Strahlen mit ihren Instrumenten nachweisen zu können. Ein Thema, das natürlich auch Schwindler verlockt, teure und nutzlose Geräte gegen Erdstrahlen anzubieten.

siehe auch **Radiästhesie**

Erdstrahlen in der Praxis

»Die Schulmedizin hat versagt.« Es war eine Rosenheimer Ärztin, die das sagte. Sie hatte fast unerträgliche Hals- und Nackenschmerzen. Nichts half. Kein Kollege wußte Rat. Aber dann kam einer, der ihr Heilung brachte: Josef Neumeyer, 70. Er ist in Rosenheim für seine Erfolge mit der Wünschelrute bekannt. Der ehemalige LKW-Fahrer ist Spezialist für Erdstrahlen.

Die Schmerzen hatten begonnen, als die Ärztin neue Praxisräume bezog. Und dort fand sich auch des Rätsels Lösung: Neumeyer stellte unter ihrer Praxis Wasseradern fest, die als Störzonen wirkten. Humbug, Aberglaube, Einbildung? Wir bekamen erstaunliche Antworten auf diese Fragen: Kann es sein, daß unterirdische Wasserläufe die Gesundheit der Menschen empfindlich stören? Gibt es wirklich Strahlen aus der Erde?

Unser erster Gesprächspartner, Pater Frumencius aus St. Ottilien bei München, ist 83 Jahre alt. Manchmal spürt der Pater Strahlungen, die aus der Erde kommen, mit der bloßen Hand, ohne Wünschelrute. Aber dazu gehört Routine. »Vertrauen Sie niemandem, der nicht einige Jahrzehnte Erfahrung hinter sich hat und von einem fähigen Rutengänger ausgebildet ist«, rät der Pater. Denn gerade auf diesem Gebiet wird viel Scharlatanerie für teures Geld betrieben.

Joseph Neumeyer mit der Wünschelrute auf der Suche nach krankmachenden Erdstrahlen. Er ist in ganz Oberbayern für seine Erfolge bekannt.

Er arbeitet bereits seit 1930 mit der Wünschelrute und geht dabei von der Erkenntnis aus: Es gibt Störungen des elektrischen Magnetfeldes, die krank machen können – Störungen, die seine Wünschelrute anzeigt. Sie können verursacht werden durch unterirdische Wasserläufe, durch geologische Verwerfungen, etwa den Einsturz von Hohlräumen, bei denen minimale Stromspannungen entstehen. Diese zeigt der Anschlag der Wünschelrute an.

»Da gibt es schlimme Dinge, gegen die wir machtlos sind«, so der Pater. Aber vieles läßt sich beseitigen, entstören – manchmal ganz einfach dadurch, daß Betten umgestellt werden, die in einem elektrischen Störfeld stehen. Zweifler verweist der Pater an die Technische Universität München – dort würden diese Erscheinungen untersucht. Wir sprachen mit Professor Herbert König, Extra-Ordinarius für Technische Elektrophysik an der TU München. Sein Spezialgebiet: Erforschung des Wünschelrutenphänomens und elektromagnetischer Störungen. »Es gibt durchaus sichere Anhaltspunkte dafür, daß die Wünschelrute in der Hand sensibler Menschen auf bestimmte Ausstrahlungen reagiert – ungenau natürlich, mit schwankender Trefferquote«, sagt der Professor.

Auf bestimmte Ausstrahlungen? Die Wissenschaft bestätigt also, daß es Störfelder gibt? »Selbstverständlich gibt es elektromagnetische Störfelder, die natürliche oder technische Ursachen haben können.«

Der Wissensschaftler vermeidet das Wort Erdstrahlen. »Da muß man erst genau definieren, was gemeint ist.« Nennen wir sie also Störfelder. Wie können sie entstehen? Professor König: »Wasserführung unter dem Boden bewirkt eine veränderte Strahlungssituation darüber.«

Kann dies Ursache von Gesundheitsstörungen sein? »Ich bin kein Arzt. Wir messen nur die Strahlungen.«

Daß der Rasenmäher des Nachbarn den Radioempfang stören kann, weiß jeder. Manchmal kommen zu technischen Ursachen natürliche – sogenannte geopathische – Störungen hinzu und verstärken die Wirkung. »Und dann können Schlafstörungen, Nervosität, Reizbarkeit, Depressionen, Müdigkeit, Konzentrationsmängel oder auch Herzrhythmusstörungen auftreten«, stellt Professor Anton Schneider fest, der 1976 ein »Institut für Baubiologie« (heute in Neubeuern in Oberbayern) gegründet hat. Sein Institut berät Bauherren und Architekten, gibt eine Zeitschrift heraus, veranstaltet Lehrgänge, wertet Untersuchungen auch aus dem Ausland aus.

Zur Untersuchung wird ein ganzes Dutzend von Geräten eingesetzt – Feldsonden, Magnetometer, Geigerzähler, Feuchtigkeitsmesser und Ohm-Meter. Aber Professor Schneider schätzt auch die Wünschelrute. »Die Instrumente sollen sich wechselseitig ergänzen – was von einem sensiblen Menschen durch die Wünschelrute empfunden wird, muß dann mit wissenschaftlichen Mitteln gemessen werden. Doch oft ist es das Gefühl, das erst den Anstoß zur Entdekkung einer Störung gibt – vor allem, wenn die Wünschelrute in der Hand eines Meisters ist.«

Oder einer Meisterin – wie Käthe Bachler, 63, aus Hallein bei Salzburg. Auch der mißtrauischste Journalist bringt ihr sofort Vertrauen entgegen. Ihr Beruf setzt nüchterne Sachlichkeit voraus: Sie war Mathematiklehrerin. Käthe Bachler hat außerdem Erfahrung – so wie es Pater Frumencius verlangt. Und sie genießt offenbar das Vertrauen von Instanzen, die wissenschaftlichen Grenzgebieten überaus zurückhaltend gegenüberstehen: Ihrem Buch »Erfahrungen einer Rutengängerin« sind Vorworte des Salzburger Erzbischofs und des Landesschulrates vorangestellt. Das Pädagogische Institut hatte ihr sogar einen Forschungsauftrag erteilt.

Käthe Bachler hat im Laufe der Jahre 3000 Wohnungen mit insgesamt 11 000 Schlafplätzen, viele Schulen und 500 Arbeitsplätze untersucht. Dabei stellte sie fest: Am Arbeitsplatz: »Menschen, die ihren Arbeitsplatz über einer Störzone haben, fühlen meist Unbehagen, sie sind langsamer, ihre Leistungen sind geringer und oft fehlerhaft.«

In der Schule: »Die ständig Müden, die vermeintlich Faulen und die Schwierigen in meiner Klasse waren störzonengeschädigte Kinder.«

In der Wohnung: »Der Großteil der Menschen reagiert auf Störzonen mit Schlafstörungen.«

Zwei Fälle aus Frau Bachlers Kartei:

»Nr. 1214. Starkes Herzklopfen im Bett. Schlafstörungen, Schwermut, Nervosität. Nach Bettumstellung kam schon nach einer Woche eine Dankkarte: »Schlagartig von den Herzbeschwerden befreit.«

Nr. 1484: Jeden Morgen Schmerzen vom Kopf bis zu den Füßen, besonders im Kreuz. Dreimal Trigeminus-Neuralgie-Operation. Nach Bettumstellung zuerst geringe Erleichterung, später wesentliche Besserung, nahezu Heilung.

Käthe Bachler machte noch eine andere Entdeckung: Tiere reagieren äußerst sensibel auf Strahlungen – Hunde gehen ihnen aus dem Weg, Katzen suchen sie.

Auch Kinder haben für Strahlungen ein feines Empfinden. Frau Bachler hat oft beobachtet, daß Kleinkinder sich aufrichten und sich zum Schlafen aus einer gestörten in eine ruhige Zone des Bettes rollen.

Versuche scheinen zu zeigen, daß Entstörung möglich ist. Der Rosenheimer Ärztin zum Beispiel, die von ihren Hals- und Nackenschmerzen befreit wurde, half simples Stanniolpapier.

Wie kam Josef Neumeyer darauf? Er war im Krieg bei der Luftwaffe eingesetzt und beobachtete, daß bei Angriffen Stanniolstreifen abgeworfen wurden: Sie reflektierten Radarstrahlen und irritierten so den Gegner. Das funktionierte genauso bei »normalen« elektromagnetischen Strahlen auf der Erde. »Ich hätte auch Kupferdraht nehmen können«, sagt Neumeyer. »Aber der Draht oxidiert nach einigen Jahren und wird damit wirkungslos. Stanniol hält ewig.« Im Fall der Ärztin hatte Neumeyer den Boden der Praxis mit Stanniol isoliert.

Stanniol half auch dem achtjährigen Michael. Nach dem Umzug seiner Eltern klagte er über starke Kopfschmerzen. Er konnte nachts nicht schlafen, wurde aggressiv. Die Eltern befragten einen Kinderarzt, ließen Michael in einer Münchner Klinik untersuchen. Die Beschwerden blieben – bis Neumeyer gerufen wurde. Wieder entdeckte er Störfelder, isolierte sie.

Fälle wie diese gibt es viele – nicht nur in Rosenheim. Und für alle gilt offensichtlich, was die Ärztin über den eigenen Fall sagt: »Hier haben wir ein klassisches Beispiel dafür, daß mit anderen Mitteln geholfen werden kann, wo die Schulmedizin versagt. Bei mir hatten selbst schwere Schmerzmittel nicht mehr angesprochen. Heute brauche ich keine mehr.«

Buchtip
Käthe Bachler: »Erfahrungen einer Rutengängerin«, Droemer Knaur-Verlag, München

Esoterik

»Griechisch, eigtl. innerlich, nur für einen Kreis besonders Begabter oder Würdiger bestimmt.« So definiert der Brockhaus den Begriff esoterisch. Daraus wurde eine Bezeichnung für Geheimlehren, für geheimes Wissen, in das nur ein kleiner Kreis eingeweiht war. Heute hat dieses Wort eine umfassendere Bedeutung. Es wird auf alle neuen geistigen Bewegungen, auf alle Lehren und Techniken angewandt, die sich außerhalb der bisherigen Schulweisheit mit jenem Wissen befassen, das früher als geheim galt und nur für wenige Eingeweihte zugänglich war.

EST

Abkürzung für »Erhard Seminar Training«, begründet 1970 von dem Amerikaner Jack Rosenberg, der sich nach Werner Heisenberg und Ludwig Erhard auch Werner Erhard nannte. 60-Stunden-Marathon-Training, das neue Bewußtseinsdimensionen eröffnen soll. Nach dem Herderschen »Lexikon der Sekten«

gehören ein Gemenge von Scientology-Einflüssen und Elementen des Zen-Buddhismus zu den Grundlagen von EST. Nach scharfer Kritik wurde EST in Forum umbenannt.

E.T., die Außerirdischen

E.T. – so nannte der amerikanische Regisseur Steven Spielberg seinen Film über ein Zauberwesen von einem anderen Stern. E.T. ist die Abkürzung für »Extra-Terrestrial«. Ein Wort, das aus der Wissenschaftssprache übernommen wurde: Extraterrestrisch heißt außerirdisch.

E. T., das Wesen von einem anderen Stern, verzauberte nicht nur Kinderherzen.

Die Wissenschaft glaubt durchaus an die Möglichkeit von intelligentem Leben auf anderen Sternen. Die amerikanische Weltraumbehörde NASA hat sogar ein Großprojekt namens SETI gestartet – Search for Extra-Terrestrial Intelligence, Suche nach außerirdischer Intelligenz. Das Projekt wird jetzt mit privaten Spenden weitergeführt.

Daß es Lebewesen außerhalb unseres Sonnensystems geben kann – dafür sprechen Zahlen. Der verstorbene Physiker Pascual Jordan ging von dieser Überlegung aus: »Es gibt hundert Milliarden Sonnen in unserer Milchstraße, es gibt Milliarden von Milchstraßen in den Bezirken des Weltraums, die heutiger Forschung zugänglich sind. Müßte uns nicht ein erdrückendes Angstgefühl überfallen, wenn wir uns vorzustellen hätten, daß wir Menschen einsam in dieser Sternenwelt leben würden?« Wissenschaftler wie der amerikanische Astronom Carl Sagan sprechen von »unzähligen Planeten«, auf denen Leben entstanden sein könnte. Nur wird die Möglichkeit bezweifelt, mit fremden Zivilisationen in Kontakt zu kommen.

siehe auch **Ufo**

Buchtips
Reinhard Breuer: »Kontakt mit den Sternen«, Umschau-Verlag, Frankfurt
Walter R. Fuchs: »Leben unter fernen Sonnen«, Droemer Knaur-Verlag, München
Roland Puccetti: »Außerirdische Intelligenz«, Econ-Verlag, Düsseldorf
Carl Sagan: »Signale der Erde«, Droemer Knaur-Verlag, München

Exorzismus

Teufelsaustreibung, Austreibung von Dämonen durch Beschwörung. Teufelsaustreibung ist auch zu einem gefährlichen Aberglauben geworden: Immer wieder kommt es zu Bluttaten, wenn selbsternannte Exorzisten mit finsteren Ritualen Teufelsaustreibung versuchen.

siehe auch **Besessenheit**

Buchtip
T. B. Allen: »Besessen«, C. Bertelsmann-Verlag, München

Farbtherapie

Farben sind verräterisch. Schon der Volksglaube ordnet den Farben eine bestimmte Bedeutung zu: Weiß steht für Unschuld, Rot für Liebe, Grün für Hoffnung, Gelb für Neid. Ähnliches wissen wir aus anderen Kulturen. Weiß ist beispielsweise bei den Ägyptern die Farbe der Freude und des Tages. Früher wurden Heilpflanzen auch nach ihrer Farbe eingesetzt – rotblühende zum Beispiel für Bluterkrankungen.

Farben sind auch ein Spiegel der Seele. So gibt es anerkannte Tests des Psychologen Professor Dr. Max Lüscher, die aus der Vorliebe eines Menschen für bestimmte Farben sehr exakte Schlußfolgerungen auf seinen Charakter und seine Neigungen ermöglichen. Durch die Farben lassen sich Menschen auch beeinflussen. Blau z. B. wirkt beruhigend und entspannend und senkt den Blutdruck. Daraus wurde eine Heilmethode entwickelt, die Farben – neuerdings auch mit Hilfe von Computern – gezielt einsetzt, um den Menschen körperlich und seelisch zu helfen.

Farbtherapie in der Praxis

Da steht ein Mädchen mit eingefallenen Wangen, die Augen liegen in tiefen Höhlen. Das Kind ist zwölf. Doch sein Gesicht wirkt faltig und alt. Skelettartig die Arme. Es trägt dicke Kleidung, offenbar mehrere T-Shirts und Pullover übereinander. Die Verpackung kann nicht darüber hinwegtäuschen: Das Mädchen ist mitleiderregend mager. Muß es jetzt ins Krankenhaus?

Wir treffen Gabi Winter und ihre Mutter am Starnberger See, vor einem Bungalow. Sie warten, wie wir, auf die Heilerin Angelika von Frankenberg (50). Im Kreise jener, die sich mit Naturmedizin und neuen Wegen der Heilung befassen, hat sie einen guten Namen. Angelika von Frankenberg gilt als Geheimtip. Was kann sie wirklich? Bleiben wir bei unserem Mädchen. Wir kommen mit Zweifeln und erleben ein kleines Wunder . . .

Gabi wiegt im Augenblick 26 Kilo. Sie wird immer weniger. Es ist zum Weinen, wenn man sie sieht. Das schlimme ist: Sie findet sich, so wie sie ist, wunderschön, erzählt die Mutter. Es ist offensichtlich, woran sie leidet. »Anorexia nervosa«, Magersucht.

Das ist nicht nur ein Tick, eine Pubertätskrankheit oder ein Modewahn. Magersucht gilt bei Ärzten als eine schwere Krankheit, die tödlich enden kann.

»Angefangen hat es nach einer Grippe«, berichtet die Mutter. »Dann hat sie immer weniger gegessen. Erst wog sie 34 Kilo, dann 30, und das Gewicht sank weiter . . . Sie hat sich nur noch von Salat ernährt. Gabi brachte einfach nichts runter.«

Ein paar Stunden später, nach dem Besuch bei der Heilerin Angelika von Frankenberg: Gabi ißt sechs – sechs – Sahnejoghurts. Wir fragen mehrfach nach. »Ich will wieder essen«, sagt sie und tut es.

Was ist geschehen? Was hat Frau von Frankenberg getan? Und wie erklärt sie ihre Heilungen?

»Geistiges Heilen ist erlernbar. Von jedem«, sagt sie nebenbei.

Wie das?

»Wenn Sie einen anderen Menschen – ein Kind, einen Kollegen – trösten, dann ist das doch auch schon ein Stück geistige Heilung«, sagt Angelika von Frankbenberg. Für sie sind Krankheiten häufig »Blockaden« im geistigen und seelischen Bereich, eine Störung im Energiefluß.

Dagegen setzt sie zunächst ihre Hände als Meßgerät ein. Sie fährt über den Körper – »und ich spüre an den Händen, wo ein Stau, wo ein Zuviel oder ein Zuwenig ist«.

Es gibt, sagt sie, viele Methoden, diese Blockaden zu überwinden – wenngleich sie sich Grenzen setzt. Nicht jede Krankheit ist »reif« für eine Behandlung nach ihrer Methode. Sie betreibt eine Art Akupunktur, sie prüft die Reflexe vor allem an der Fußsohle, wo sich nach Erkenntnissen der Naturmedizin die wichtigsten Energiezentren des Körpers widerspiegeln. Und sie führt ihre Patienten – ein Weg der Beihilfe zur Selbstheilung – tief in Meditationen hinein.

Frau von Frankenberg geht mit den Kranken in Gedanken spazieren. Zum Beispiel mit Gabi. »Stell dir eine Sommerwiese vor. Eine Wiese mit vielen bunten Farben«, sagt Frau von Frankenberg. »Und dann ist da ein Licht. Geh ins gelbe Licht. Fülle dich damit ganz auf . . .« Das Kind soll das Gefühl haben, es atme das Licht förmlich ein. Frau von Frankenberg meint, daß durch jede Farbe ein bestimmtes Energiezentrum angesprochen wird.

Was bei einem nervenbedingten Leiden wie der Magersucht wirkt – kann das auch bei einem organischen Schaden helfen?

In der Diele des Bungalows von Frau von Frankenberg sitzt eine schwergewichtige Frau. Daß sie Schmerzen hat, sieht man ihr an. »Eine Darmfistel«, sagt Bertha Heger (52). »Ich bin schon zweimal operiert worden. Und die Ärzte sagten, daß die Fistel wiederkommt. Immer diese Schmerzen. Ich hab so gern Sport getrieben. Das mußte ich alles aufgeben.«

Auch mit ihr meditiert Frau von Frankenberg. Die Kranke soll in ihr Inneres blicken. »Hier ist der Darm. Und dort, die wunden Stellen, das ist die Fistel.« Daraus wird eine Suggestion: Frau Heger muß sich ein helles Licht vorstellen, das durch den Körper läuft, tief in den Unterleib hineinstrahlt und die Fistel förmlich wegschmilzt. Hat es geholfen? Einen Monat später erzählt uns die Frau: »Nach der vierten Sitzung hatte ich keine Schmerzen mehr. Die Fistel ist wohl endgültig verschwunden.« Und Frau Heger treibt jetzt wieder Sport.

Meditation, Suggestion, Akupressur. Das sind die Heilmethoden von Frau von Frankenberg. Welche Rolle spielt dabei das Handauflegen? Ich bin mir schon vor Jahren bewußt geworden«, sagt Angelika von Frankenberg, und das klingt ganz selbstverständlich, »daß ich heilende Hände habe.« Das spürte sie erstmals, als sie den kranken Kater einer Bekannten auf den Schoß nahm. Er hatte eine Geschwulst im Bauch.

»Ein Tumor. Der war steinhart. Der Tierarzt hatte gesagt, der Kater muß operiert werden. Ich habe die Hände draufgelegt, und dann habe ich gemerkt, wie das Geschwür unter meiner Hand immer kleiner wurde. Eine Woche darauf habe ich ihn noch einmal behandelt, da war der Tumor ganz weg.« Die Bekannte kann es bestätigen. Der schwarz-weiße Kater lebt noch immer – ohne Operation, ohne Geschwulst.

Heilende Hände: Wir sprachen gerade mit russischen Ärzten darüber, die das erforschen. Man weist das nicht als Scharlatanerie zurück. Was sagt Frau von Frankenberg dazu? Sie spricht von Chakren. Das sind, so das »Lexikon der Parapsychologie«, potentielle Kraftzentren im geistigen Körper des Menschen, die man durch asketische Übungen und Meditation realisieren und aktivieren kann.

Und diese Zentren sucht Angelika von Frankenberg. Es strömt dann, glaubt sie, göttliche Kraft durch ihren Körper – er ist nur noch ein Kanal. »Die Energie spüre ich in den Händen, wie ein Ziehen, das geht durch mich durch wie ein Vibrieren, dann fühle ich mich wie ein riesiges Kraftfeld.«

Angelika von Frankenberg berichtet davon ruhig, ohne Aufhebens. Sie hat einmal eine Forschungsbibliothek geleitet, und entsprechend sachlich spricht sie. Wie wurde sie Heilerin? Es dauerte viele Jahre, bis aus der Begabung der Heilerin ein Beruf wurde. Sie nahm an Kursen der bekannten englischen Heilerin Glenda Johnson teil, sie studierte Fachliteratur, legte eine Prüfung als Heilpraktikerin ab.

Der Erfolg läßt sich nachprüfen an vielen Fällen, denen wir begegnet sind. Wir haben noch einmal bei den Eltern der magersüchtigen Gabi nachgefragt. »Sie hat zehn Pfund zugenommen«, sagt die Mutter Monate später. »Alles normal. Sie ißt wie jedes andere Kind«, fügt der Vater hinzu. »Gabi hat sich vor kurzem selbst einen Kuchen gebacken.« Ein Wunder? Nein, dieses Wort will Angelika von Frankenberg nicht anwenden und nicht hören. Für sie ist das selbstverständlich, natürlich, folgerichtig, keineswegs unerklärlich. Eines will sie auf gar keinen Fall: den Arzt ersetzen. Sie will anregen zur Selbsthilfe, zur Selbstheilung, sie will Kräfte wecken. Oder sie schickt den Kranken zu einem Arzt.

Buchtips
Klausbernd Vollmar: »Farben – ihre natürliche Heilkraft«, Gräfe und Unzer-Verlag, München
Waltraud-Maria Hulke: »Das Farben Heilbuch«, Windpferd-Verlag, Aitrang
Howard u. Dorothy Sun: »Neuer Schwung durch Farben«, Bauer-Verlag, Freiburg

Feinstofflicher Körper

Materie ist das, was wir greifen können: Stoff, Substanz, Masse. Kann es einen Stoff geben, der in seinem Aufbau, in seiner Dichte nicht dem entspricht, was wir aus Erfahrung kennen? Erforscher der außersinnlichen Wahrnehmungen sind davon überzeugt. Sie sprechen von einem feinstofflichen Körper, so beim Astralleib, dem Sitz verborgener Kräfte des Menschen. Eine andere Bezeichnung für feinstoffliche Körper ist Od. So nannte der Chemiker Carl Ludwig von Reichenbach im 19. Jahrhundert die Ausstrahlungen von Menschen und Tieren. Schon er war überzeugt, daß die »odische Lohe«, also die Aura, von besonders empfindsamen Menschen wahrgenommen werden kann.

Feldenkrais, Moshé

Ein paar Handgriffe, einige Anweisungen – und plötzlich verändern Bewegungen sogar Gedanken, Gefühle, Verspannungen körperlicher und seelischer Art: Das ist die Feldenkrais-Methode. Immer mehr Heiler wenden sie an. Doch kaum jemand unter ihren Patienten weiß, daß der Mann, der dahintersteckt, ein Physiker und Verhaltensforscher von Weltruf war. Geboren 1904 in Rußland, hatte Moshé Feldenkrais an der Erforschung der Kernenergie in Frankreich mitgearbeitet. Dann leitete er Forschungsinstitute in England und in Israel, und er lehrte in vielen Ländern: Schließlich holte ihn Israel als Regierungsberater. Angeregt

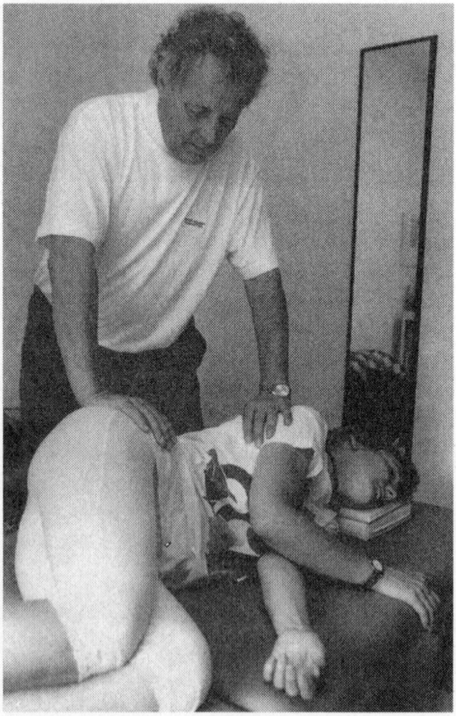

Nach der Feldenkrais-Methode beobachtet der Psychotherapeut Hermann Wöhrle die Bewegungsabläufe dieser Patientin. Seine Diagnose ist erstaunlich genau.

durch eine Verletzung des eigenen Knies, beschäftigte sich der Physiker mit Bewegungsabläufen des menschlichen Körpers. Daraus wurde eine anerkannte Heilmethode, über die Feldenkrais sagt: »Bewegungen oder fehlende Bewegung zeigt den Zustand des Nervensystems an, seine ererbte Ausstattung und das Ausmaß seiner Entwicklung.« Und Fehler in der Muskelspannung will Feldenkrais durch seine Übungen ausgleichen und ändern: »Die Behandlungen werden so behutsam und angenehm wie möglich durchgeführt, ohne Anstrengung und Schmerzen. Das Hauptanliegen besteht nicht darin, bereits bekannte Dinge einzuüben, sondern unbekannte Reaktionen zu entdecken und dadurch eine bessere, angemessenere Handlungsweise zu erlernen.«

Die Methode »Heilung durch Bewegung« hat sich bei Muskel- und Gelenkbeschwerden, chronischen Rückenschmerzen bewährt. Sie kann bei Atmungs- und Kreislaufbeschwerden lindern, wird auch nach Unfällen und Schlaganfällen verordnet, hilft nicht nur bei Erkrankungen des Bewegungsapparats, sondern auch bei Verdauungs- oder Kreislaufstörungen. Feldenkrais wollte jedoch mehr als körperliche Leiden linden: Sein Ziel war es auch, den Menschen zu ändern, schöpferische Kräfte freizusetzen.

Zu den Patienten von Feldenkrais – er nannte sie lieber Schüler – gehörten so prominente Leute wie Israels legendärer Staatschef Ben Gurion, der Politiker und Militärführer Moshe Dayan oder der Geiger Yehudi Menuhin. Feldenkrais starb 1984.

Feldenkrais in der Praxis

Fall 1: »Was kann das sein? Mir ist so schwindlig. Alles dreht sich, ich kann nicht einmal mehr die Schrift auf dem Kalender an der Wand entziffern.« Es war Samstag vormittag, als die Sekretärin Hansi K. in München sich mit diesen Fragen an den ärztlichen Notdienst fürs Wochenende wandte. Eine Ärztin untersuchte sie und verwies sie weiter. An eine Spezialistin für die Methode »Feldenkrais«.

Schwindelgefühl? Die Spezialistin sah sich Hansi K. genau an. Und dann begann sie, die Zehen der Patientin sanft zu bewegen und zu massieren. Die Zehen! Der leichte Druck strahlte merklich in den Rücken aus und in die Halsmuskulatur. Verkrampfungen dort waren die Ursache für das Schwindelgefühl. Sie hatten im Nackenbereich die Blutzufuhr zum Kopf behindert. Eine Behandlung genügte in diesem Fall – die Beschwerden verschwanden.

Fall 2: Eine Journalistin ließ sich für dieses Buch von dem Feldenkrais-Therapeuten Hermann Wöhrle in München behandeln. Sie litt an Depressionen, Angstgefühlen. »Er brachte meinen Arm in eine bestimmte, tänzerische Haltung – und ich brach in Tränen aus«, erzählt die Reporterin. Sie weinte nicht aus Schmerz. Es hatte sich irgendwo ein Knoten gelöst – ein Muskelknoten, ein Knoten auch in der Seele.

Wöhrle war einst Polizeidirektor in Hamburg. Er hatte Feldenkrais kennengelernt und änderte daraufhin sein Leben radikal. Er studierte Psychologie, wurde Psychotherapeut und ließ sich von einem der engsten Feldenkrais-Mitarbeiter ausbilden. Wöhrle über die Feldenkrais-Methode: »Ich kann über den Körper auch die Seele erreichen. Der Körper ist für mich das Tor zur Seele, ich arbeite nicht am Körper, sondern durch den Körper.«

Adresse

Feldenkrais-Gilde, Asang-Straße 144, 70329 Stuttgart, Tel. (0711) 3260465
(Infos auch für die Schweiz und Österreich)

Buchtips

Moshé Feldenkrais: »Bewußtheit durch Bewegung – Der aufrechte Gang«, Suhrkamp-Verlag, Frankfurt
–: »Abenteuer im Dschungel des Gehirns – der Fall Doris«, Suhrkamp-Verlag, Frankfurt
–: »Die Entdeckung des Selbstverständlichen«, Suhrkamp-Verlag, Frankfurt
–: »Die Feldenkrais-Methode in Aktion«, Junfermannsche Verlagsbuchhandlung, Paderborn
Thomas Hanna: »Beweglich sein, ein Leben lang. Die heilsame Wirkung körperlicher Bewußtheit«, Kösel-Verlag, München
Yochanan Rywerant: »Die Feldenkrais-Methode«, Goldmann-Verlag, München

Anna Triebel-Thome: »Feldenkrais. Bewegung – ein Weg zum Selbst. Einführung in die Methode«, Gräfe und Unzer-Verlag, München

Fernheilen

Gedankenübertragung wurde oft nachgewiesen. Auch Beispiele für Fernheilungen sind bekannt. Der Heiler und sein Patient sind manchmal Hunderte von Kilometern voneinander entfernt. Oft braucht der Heiler ein Hilfsmittel – Foto, Handschriftenprobe, ein Kleidungsstück –, um eine geistige Brücke zu seinem Patienten schlagen zu können. Einer der berühmtesten Heiler, der Engländer Harry Edwards, behandelte auf diese Weise Hilfesuchende aus aller Welt. Er erreichte es auch, daß in England Ärzte mit Heilern zusammenarbeiten dürfen.

Fetisch

Einem leblosen Körper – einem Stein, einem Stück Holz – werden übermenschliche, zauberische Kräfte zugeschrieben. Im Fetisch können, glauben einige Naturvölker, Geister wohnen. Während Amulette vor Bösem schützen sollen und Talismane Glück bringen, erfüllt der Fetisch Wünsche in jeder Richtung: ein Zaubermittel. Dabei kann es sich um ein Stück Holz, einen Stein, eine Tierpfote, eine ererbte Waffe handeln. Die Vielfalt ist groß. Der Name Fetisch stammt aus dem Portugiesischen/Lateinischen, geht auf das Wort selbstgemacht zurück und bezeichnete offensichtlich Zaubermittel, die von Seefahrern aus anderen Ländern mitgebracht wurden. So werden im allgemeinen Sprachgebrauch vor allem Zaubermittel aus exotischen Ländern als Fetisch bezeichnet.

Einen sexuellen Beiklang hat das Wort Fetischist. Damit hat sich Sigmund Freud bereits 1905 in seinen Abhandlungen zur Sexualtheorie befaßt. Fetischisten sind Menschen, bei denen sexuelle Gefühle durch Gegenstände – beispielsweise Wäschestücke – ausgelöst werden. Krankhaft ist dies, wenn der Fetisch – so Freud – »zum alleinigen Sexualobjekt wird«, wenn also der Gegenstand wichtiger ist als der Sexualpartner.

Freimaurer

Mozart war Freimaurer, auch Friedrich der Große und Goethe, George Washington und viele andere amerikanische Präsidenten gehörten diesem Bund an. Ebenso der Maler Lovis Corinth oder die Schauspieler Gustl Waldau oder Karlheinz Böhm. Die Freimaurer – zusammengeschlossen in Logen – wurden verfolgt, von links bis rechts angefeindet und als unheimliche Macht verleumdet. Tatsächlich sind die Freimaurer eine humanitäre Vereinigung. In ihren Grundstatuten heißt es: »Die Freimaurerei vereinigt Männer, die in bruderschaftlichen Formen und durch ehrwürdige rituelle Handlungen geistige Vertiefung und sittliche Veredlung erstreben. Allgemeine Menschenliebe, Brüderlichkeit, Mildtätigkeit und Erziehung hierzu, was alles sie unter Humanität begreift, sind ihre Hauptaufgaben.« Und zum Schluß der Grundstatuten heißt es ausdrücklich: »Die Freimaurerei ist ein ethischer, kein politischer Bund und beteiligt sich nicht an tagespolitischen Auseinandersetzungen. Sie ist keine Religionsgemeinschaft, keine geheime Verbindung, verlangt keine gesetzwidrige Verschwiegenheit und vermittelt keine geheimen Kenntnisse.« Die Freimaurer – die sich Brüder nennen – knüpfen an die Tradition der mittelalterlichen Dom-Baumeister an, bezeichnen sich als Lehrlinge, Gesellen und Meister. Die Freimaurer folgen bei ihren Zusammenkünften uralten Ritualen, benutzen Symbole der Vergangeheit, zum Beispiel Steinmetzwerkzeuge wie das Senkblei oder das Winkelmaß.

Adressen

Großloge A.F.u.A.M. von Deutschland, Ettighofferstraße 64, 53123 Bonn, Tel. (0228) 626230

Großloge A.F.u.A.M. von Österreich, Rauhensteingasse 3, A-1010 Wien, Tel. (0222) 5127422

Schweizerische Großloge Alpina, Rue du Petit-Beaulieu 1, CH-1004 Lausanne, Tel. (021) 6483070

Deutsches Freimaurer-Museum, Hofgarten 1, 95444 Bayreuth, Tel. (0921) 69824

Buchtips
Rolf Appel, Jens Oberheide u. a.: »Was ist Freimaurerei?«, Juventa-Verlag, München
Jürgen Holtorf: »Verschwörung zum Guten«, Verlag Die Bauhütte, Bonn

Gehirnwellen

Jede Bewegung, jeder Gedanke ist ein elektrischer Vorgang im Gehirn des Menschen. Die Gehirnströme lassen sich an der Kopfhaut ableiten und messen. Die Aufzeichnung der dabei entstehenden Kurven heißt Elektroenzephalogramm (EEG): Alpha-Wellen zeigen einen Zustand der Entspannung an, so bei Meditation und Autogenem Training. Wer die Augen aufschlägt und sich konzentriert – bei dem werden Beta-Wellen festzustellen sein. Delta-Wellen werden bei Tiefschlaf oder Trance festgestellt. Interessant für neue Heilmethoden: Es gibt Trainingsmethoden, die den Zustand der Alpha-Wellen vertiefen.

Geistheilung

Klassische Geistheilung hat in der Regel nichts mit Geistern oder einem Geist zu tun – hier handelt es sich um Heilen mit Hilfe geistiger Kräfte, ohne Medikamente und Instrumente. Bei der Geistheilung werden jedenfalls heilende Kräfte durch einen dafür begabten Menschen auf den Kranken übertragen. Woher kommt die Kraft? Manche Heiler sprechen von kosmischer Energie oder übersinnlichen Kräften. Andere glauben tatsächlich, der Übertragungskanal für Geistwesen zu sein. Handauflegen ist wahrscheinlich die häufigste Form von Geistheilung. Doch ist körperlicher Kontakt mit dem Kranken nicht nötig. Einige Heiler berühren den Patienten nicht. Sogar Fälle von Fernheilung über beträchtliche Distanz hinweg sind bezeugt. Geistheiler sehen die Ursache der Krankheit oft in Spannungen zwischen Körper und Seele. In diesem Fall will Geistheilung das Bewußtsein des Menschen ändern. Überraschend, was Pfarrer Friedrich-Wilhelm Haack, Erforscher des Aberglaubens für die evangelische Kirche, zu diesem Thema zu sagen hatte: »Von vornherein muß festgestellt werden, daß es solche Heilungen mit Erfolg gibt. Sie sind Folge einer seelischen Beeinflussung, die sich auch auf den körperlichen Bereich überträgt.« Hier schränkt Haack ein. »Sie sind nicht Folgen einer besonderen Kraft oder gar angeblich jenseitiger Wesenheiten . . . Es gibt«, sagt Haack weiter, »unter den Heilern sehr achtenswerte und untadelige Menschen.« Aber auch Betrüger. Die große Gefahr bestehe darin, daß im Vertrauen auf Geistheilung auf ärztliche Hilfe verzichtet wird, was manchen schon das Leben gekostet habe. Dieser Warnung schließen wir uns mit Nachdruck an.

Geistheilung in der Praxis

Er lebt in einem kleinen Ort oberhalb des Thuner Sees in der Schweiz. Nebenbei bewirtschaftet er noch seinen Bauernhof. Er kann von Viehzucht erzählen, 43 Tiere stehen im Stall. Ein bäuerlicher Typ, dieser Jacob Schären. Und von diesem bedächtigen Schweizer gehen schier magische Kräfte aus, sagen Menschen, die er behandelt. Er ist auf alle Fälle einer jener neuen Heiler, die nun selbst Gegenstand der Forschung werden. Denn auch die sogenannte Schulmedizin hat begonnen, das Unerklärliche zu untersuchen, zu beobachten, zu prüfen. Die Kraft, die von Schären ausgeht, ist noch unerforscht – aber wenigstens meßbar.

Nein, die vielseitige, vielgefragte Schauspielerin Billie Zöckler war nicht wirklich krank. Zuviel Streß setzte ihr zu – und das wirkte sich aus. Sie war unkonzentriert, deprimiert und auch ein bißchen neugierig. »Als ich ihm gegenüberstand, überkam mich plötzlich ein ruhiges, wohliges Gefühl. Ja, ich merkte so etwas wie ein Kribbeln. Ich habe richtig gespürt, daß ich Kraft von ihm aufnahm. Es war faszinierend«, erzählt Billie Zöckler nach einer Begegnung in München mit dem Geistheiler.

Was macht so ein Mann wie Schären? Überraschenderweise tat er eigentlich gar nichts. Er berührte sie nicht einmal, er bleibt immer einige Meter von seinen Besuchern entfernt. Und dennoch wird ihnen sehr bald und sehr deutlich bewußt, daß da ein Funke überspringt, daß von ihm Kraft ausgeht. Bei Billie wirkte sich das beruhigend, entspannend aus – andere berichten von erstaunlichen Heilungen.

Von einem Kribbeln erzählt auch ein Kind, das wir – einige Journalisten – bei Schären in seiner Schweizer Praxis beobachten. Der Bub liegt vor uns auf einer Couch. Daneben sitzt, einige Schritte entfernt, Schären auf einem Stuhl. Konzentriert. Er sieht aus, als ob er bete. Aber dann blicken wir nur noch auf das Kind, das plötzlich weint und dann lacht und lacht, buchstäblich geschüttelt wird vom Lachen. Niemand hat es berührt. Hinterher erzählt der Bub klar und deutlich von seinen Gefühlen, vom Kribbeln im Hals.

Für die Mutter ist das wie Zauberei. Der junge ist Stotterer. Vorher hatte er keinen Satz verständlich herausgebracht. Das Kribbeln – das zeigte offenbar den Augenblick an, da Kraft übersprang von Jacob Schären.

Wer ist dieser Mann mit den unerklärlichen Fähigkeiten? »Von Beruf bin ich Bauer, Reiter, Sänger, Komiker, Erfinder und Heiler. Mein früher erlernter Beruf ist Kaufmann«, sagt er über sich selbst.

Zu seinem Hof gehört auch ein Hotel, wo er seine Behandlungsräume eingerichtet hat. Der 45jährige Heiler wird von vielen verehrt wie ein Guru.

»Ich habe keine Patienten. Die gehören zum Arzt«, sagt er mit Nachdruck. »Ich verrichte keine ärztliche Behandlung.«

Was tut er dann? »Ich biete Heilung«, sagt er, so ganz selbstverständlich. Heilung – aber wie? Nicht alle spüren ein Kribbeln – andere berichten von einem leichten Schmerz, einem Brennen. »Zuerst spürte ich wohltuende Wärme in Händen, Bauch und Kopf«, erzählte eine Frau im Warteraum. »Bei der letzten Behandlung wurde mein Kopf wie durch Elektrizitätseinwirkung hin und her geschüttelt, und wieder spürte ich Wärme an verschiedenen Körperstellen.«

Daß er manchmal seine Besucher fragt, was ihnen denn Beschwerden macht, ist für ihn eigentlich nur eine Formsache. »Ich stelle ja keine Diagnose. Ich frage nur nach seinen Leiden, damit der Besucher Gelegenheit hat, sich auszudrücken, auszusprechen.«

Wir sahen ihm zu: Nach dem Stotterer hat ein anderer Junge, ein geistig behindertes Kind, auf der Couch Platz genommen. Früher war er in einem Heim, konnte sich kaum bewegen, kaum sprechen. Die Ärzte fürchteten: So werde es immer bleiben. Einige Behandlungen hat er bereits hinter sich. »Sehen Sie selbst«, sagt die Mutter. Er kann gehen – er ist nicht mehr ans Bett gefesselt. Und er kann Wünsche, einfache Gedanken äußern. Für die Eltern ein gewaltiger Fortschritt: Gewiß, er ist behindert – aber er ist kein Pflegefall fürs Heim.

Jacob Schären spürt das Leiden auch ohne Worte: »Manchmal, wenn ich durch nichts von außen belastet und abgelenkt werde, dann sehe ich förmlich: Dort am Körper ist ein Störfeld, eine Narbe . . .«

Wie wurde Schären, was er ist? Wenn er zurückdenkt, fallen ihm schon Ereignisse, Heilungen in der Kindheit ein, die man damals als selbstverständlich hinnahm. Zwei Ereignisse scheinen ihn dann auf den Weg gebracht zu haben, den er nun geht: Schärens erster Erfolg geschah daheim. Sein Vater war von einer Zecke gebissen worden. Die Folge: eine Lähmung. Er sei am Sterben, sagte schon der Oberarzt des Krankenhauses. Da versuchte Schären, dem Vater seine Kräfte zu übertragen. »Das war der Beginn. Mein Vater lebt noch heute. Er ist 85 – damals war er 66 Jahre alt.« So hatte er eine Fähigkeit entdeckt, die ihm vorher völlig unbekannt war.

Der Vater blieb trotzdem lange Zeit mißtrauisch. Erst als ihm Ärzte sagten: »Nicht wir, sondern Ihr Sohn hat Sie geheilt«, glaubte auch er an solche Kräfte.

Auch ein englischer Heiler spürte bei einer zufälligen Begegnung Schärens Kräfte und sprach ihn daraufhin an. Seine unerklärliche Ausstrahlung aber ist inzwischen sogar wissenschaftlich nachweisbar:

Eine Herzchirurgin stellte fest, daß seine Kräfte über einige Meter hinweg Wärme im Körper erzeugen. Und dieser Temperaturanstieg ließ sich mit Hilfe von Meßgeräten sichtbar machen.

Schären hat viele Ärzte unter seinen Freunden, denen er gern sagt: »Du arbeitest im Groben und ich im Feinsten.«

Das Feinste – das sind für ihn die Kräfte, die so einfache Dinge bewirken wie Kribbeln, Zucken. Und die für die Betroffenen doch Wunder sind.

Menschen wie die vern...ftige Billie akzeptieren dies: »Ich glaube du... ...räfte gibt, die bei uns nur in Vergessenhe... ...nde diese Art der Heilung einfach gesünde... ...Chemie zu schlucken.«

Bu...
Ani... ...ute«, Bauer-Verlag, Freiburg

Ge...

Vor... ...einem geistigen Führer in uns selbst ber... ...Tiefenpsychologe und Denker Carl Gus... ...ns ist auch ein anderer, den wir nicht ken... ...rch den Traum.« Meldet sich so das Unt... ...ie Psychologen meinen? Nach andere... ...s sich um Stimmen aus einer anderen ... ...halb des menschlichen Körpers. Sie übe... ...en, Ratschläge – diktiert von einem and... ...*en* Führer. *Geistliche* Führer dagegen ... ...onen wie Lehrer, Meister, Pfarrer

siehe ... **...ches Schreiben**

Geller, Uri

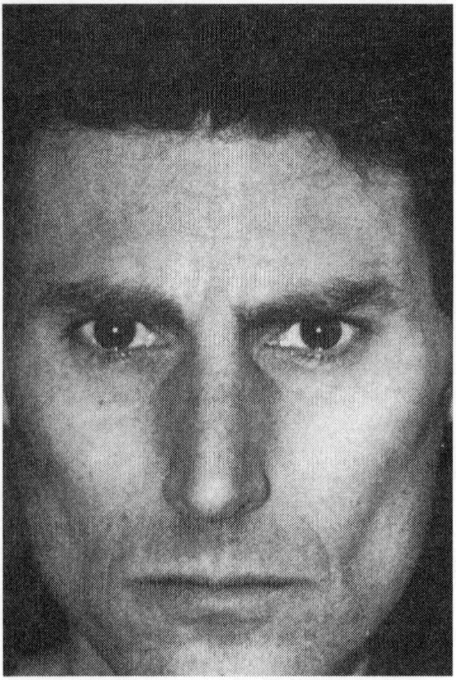

Psi-Phänomen Uri Geller machte jahrzehntelang überall Schlagzeilen.

Unter seinen Blicken verbogen sich Gabeln, und defekte Uhren fingen wieder zu laufen an: Verdreht und bewegt nur durch Gedankenkraft. Damit erregte der Israeli Uri Geller 1972 in der Bundesrepublik Aufsehen. Zu Dutzenden bestätigten Prominente, daß sich vor ihren Augen Ringe oder Armbänder verformt hätten – von den verbogenen Gabeln ganz zu schweigen. Uri brauchte nur seine Gedanken auf die Gegenstände zu konzentrieren. Inzwischen wurde es still um ihn – nach eigenen Angaben berät er nun Industriekonzerne mit seinen parapsychologischen Talenten. Ein Schwindler? Ein Mann mit geheimnisvollen Fähigkeiten? Er ist wohl beides. »Ich habe mich persönlich von seinen medialen Fähigkeiten überzeugen können, weiß aber auch durch verläßliche Zeugenaussagen, daß er trickst«, schreibt Professor Bender. Erstaunlicher noch: Uri Geller löste – so Bender – »eine neue Phase der Psychokineseforschung aus«. Darunter ist die gedankliche Ferneinwirkung auf Gegenstände zu verstehen. Es ergaben sich zahlreiche Fälle, die nicht als Schwindel entlarvt werden konnten. In unserer Zeit erregte Uri Geller durch psycho- oder telekinetische Demonstrationen – das Verbiegen von Gabeln durch geistige Kraft – ungeheures Aufsehen. Bei einem Besuch im Büro der Autorin löschte Uri Geller elektronisch gespeicherte Computerdaten – ohne das Gerät zu berühren. Angeblich nur durch Gedankenkonzentration. Ein Trick? Die Daten jedenfalls gab es nicht mehr nach Uris Blick auf den Computer.

Buchtip
Uri Geller: »Der Geller-Effekt«, Ariston-Verlag, Genf

Geomantie, Geomantik, Feng-shui

Feng-shui, ein chinesisches Wort, das mit Geomantie oder Geomantik übersetzt wird. Wörtlich heißt Feng-shui einfach Wind und Wasser – also Kräfte der Natur. Und genau darum geht es: So wie Energie durch den Menschen strömt – stark, schwach oder vielleicht gestört –, so fließt Lebensenergie durch die Erde, durch unsere Umgebung. Die chinesische Wissenschaft Feng-shui erforscht diese Kräfte und wendet ihre Erfahrungen praktisch an: beim Bau von Häusern, Siedlungen, Städten. Auch Ahnengräber oder Linien in der Landschaft – Straßen, Telegrafenleitungen, hohe Gebäude – können die Energie beeinflussen. Die Beachtung von Feng-shui war früher ein öffentliches Gebot, wird heute aber nur noch privat beachtet. Der Westen hat auf eigene Weise die Geomantie wieder entdeckt. Einer der ersten nach dem Krieg war der Bayreuther Kinderarzt Dr. Karl Beck, der die (bis heute umstrittene) Wirkung von Erdstrahlen nachwies. Auch Rutengänger – siehe Stichwort Radiästhesie – untersuchen die Wirkung von Strahlungsfeldern. Hinzu kommt der Glaube, daß schon in alten Zeiten Kultstätten und Kirchen bewußt von Eingeweihten an Orten errichtet wurden, wo Kraftfelder besonders wirksam werden –

Kräfte, die auch der Besucher spüre. Von einer Variante unterrichtet uns noch der Große Brockhaus. Für ihn ist Geomantik auch »die Kunst aus absichtslos in den Sand gezogenen Figuren oder aus geographischen Gegebenheiten (z. B. Gewässernetz) zu weissagen«.

Graphologie

Vor einem Graphologen liegt eine fahrige Handschrift mit auffallend großen Anfangsbuchstaben. Die Frau will auffallen, urteilt der Fachmann. Die Schriftzüge lassen für ihn einen Hang zu zwanghaften Handlungen erkennen. Tatsächlich: Es handelt sich um die Handschrift von Adelheid Streidel, jener Frau, die den Politiker Lafontaine mit einem Messer schwer verletzte. »Der schreibende Mensch zeichnet unbewußt sein Wesen auf«, sagt der Schweizer Graphologe Max Pulver: Schriftbild, Zeilenverlauf, Neigungswinkel der Buchstaben, Schriftstärke, Abstände u. a. m. verraten Eigenschaften des Schreibers. Mindestens jedes zehnte deutsche Unternehmen prüft vor einer Einstellung die Handschrift des Bewerbers. Von okkulter Graphologie oder Metagraphologie wird gesprochen, wenn die Schrift hellsichtige Aussagen über vergangene und zukünftige Ereignisse auslöst.

Buchtips

Anne-Marie Cobbaert: »Graphologie«, Heyne-Verlag, München
Albert Lang/Alfons Lüke: »Unterschriften graphologisch gedeutet«, Ariston-Verlag, Genf
Herbert Steigrad: »Das große Buch der Graphologie«, Falken-Verlag, Niedernhausen

Grenzwissenschaften

Die Erforschung von außersinnlichen Wahrnehmungen, von Erdstrahlen oder Geistheilung führt in Bereiche, wo sich Naturwissenschaften und Philosophie, manchmal auch Religion begegnen. Grenzwissenschaften erforschen jedenfalls mit wissenschaftlichen Methoden Phänomene, die bisher als Aberglaube beiseite geschoben wurden.

Gröning, Bruno

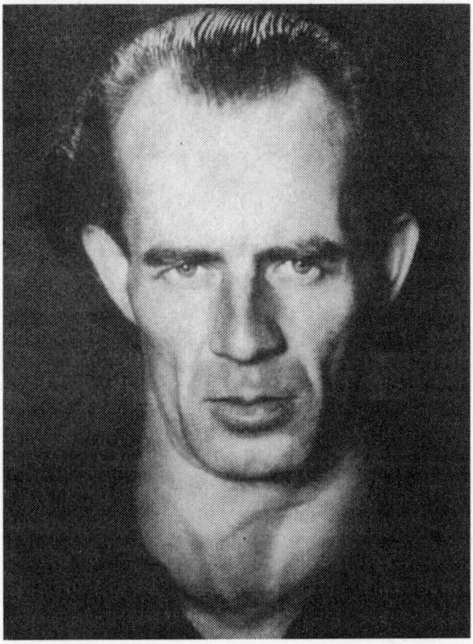

Geistheiler Bruno Gröning ist auch heute noch eine Legende für sich.

Bruno Gröning war der erste große Wunderheiler nach dem Krieg. Der erste, der Massendemonstrationen auslöste. Es begann 1949 mit einer Serie von Heilungen. Manfred Lütgenhorst, ein großer und kühler Reporter, schrieb damals im »Münchner Merkur«: »Dem Wunderdoktor von Herford sind aufsehenerregende Erfolge nicht abzusprechen. Lahme zerbrechen ihre Krükken, Blinde werden sehend, Lungen-, Magen- und Asthmakranke werden gesund. Gröning versetzt die Menschen in Taumel, man sieht zu ihm auf wie zu einem Messias.«

Gröning, 1906 in Danzig-Olivia geboren, besaß nach Aussagen zeitgenössischer Wissenschaftler »besondere Strahlungskräfte«. Gröning, ein Mann mit einem gewaltigen Kopf, gab einst Kugeln aus Stanniolpapier aus, als »Transformationsmittel« seiner Heilkraft.

Gröning heute

Ein Toter macht plötzlich von sich reden. Denn der Tote begeht Wunder, heißt es. Seine Kraft heile noch heute – obwohl er schon vor ziemlich genau 35 Jahren gestorben ist. Nur die Älteren kennen noch seinen Namen: Bruno Gröning. Fast jeden Tag treffen sich in Deutschland Gröning-Gläubige, die bei ihren Sitzungen das gleiche zu fühlen glauben wie damals, als er noch lebte: einen heilenden Strom, der durch ihren Körper fließt.

Ein November-Samstag in München. Die Wunder finden im 15. Stock eines Hotel-Hochhauses direkt am Bahnhof statt. Ein kleiner Saal mit etwa 15 Stuhlreihen ist dicht besetzt. An der Wand des Raumes ein Großfoto von Gröning.

An diesen Gröning denkt man nun im Münchner Hotel im 15. Stock. »Wir wollen gemeinsam unseren Freund Bruno Gröning bitten, daß er uns Kraft gibt. Und lassen Sie diese Kraft wirken in Ihrem Körper«, sagt eine Frau. Einer reicht eine Art Hufeisen herum, geformt aus Stanniolpapier. Richtig, Gröning verteilte damals Kugeln aus Stanniolpapier. Das Hufeisen wird weitergereicht, es soll noch von Gröning selbst stammen. »Es verstärkt den Heilstrom«, sagt die Frau neben mir. Ein Lied wird gesungen, alle schließen die Augen. Sie sitzen da wie in Trance, einige zittern und zucken. Beruhigende Worte. Die Sitzung kling aus.

Was haben die Menschen gefühlt, die da offenbar in Trance fielen? Alle berichten ungefähr das gleiche wie der Münchner Maler Wolfgang Huber. Er erklärt die Zuckungen so: »Da nehme ich den Heilstrom auf, das ist wie ein Kribbeln. Es kommt ein Wärmegefühl, manchmal habe ich auch schwitzige Hände.« Und danach? Früher hatte er Depressionen, Schmerzen in der Wirbelsäule. »Heute tut mir nichts mehr weh. Ich könnte Bäume ausreißen.« Das Merkwürdige: Ähnliches berichten auch Geheilte, die Gröning noch selbst kannten. Voran Grete Häusler, 70 Jahre alt, lange Jahre Lehrerin, heute Leiterin des Gröning-Kreises und seine aktivste Vertreterin.

Sie las 1949 von Gröning in der Zeitung. Er machte Schlagzeilen ohnegleichen.

Frau Häusler war damals 28 Jahre jung. Von einer Gelbsucht war ein Leberschaden zurückgeblieben. Sie werde ihr ganzes Leben lang Diät essen müssen. Nie mehr Wurst und Speck! Und das wurde ihr gesagt, als sich nach den schlimmsten Notjahren gerade die Schau-

Geradezu umlagert wurde der Traberhof, wenn Gröning Sprechstunde hatte. Tausende suchten bei ihm Heilung. Er war ihre letzte Hoffnung.

fenster der Metzger wieder füllten. Viel schlimmer noch: Grete war außerdem zuckerkrank und litt an chronischem Stirnhöhlenkatarrh. »Ich habe wirklich alles versucht, was es damals gab. Nichts half!«

Eine Freundin nahm sie mit zu Gröning. 1949 war er noch Gelegenheitsarbeiter, als ihn ein Astrologe auf seine Kräfte aufmerksam machte. Sein erster großer Fall geschah in Herford. Da lag der achtjährige Sohn des Helmut Hülsmann. Muskelschwund fesselte ihn ans Bett. Aber Gröning befahl ihm aufzustehen. Und er stand auf. Es war keine Heilung auf Lebenszeit. Der Bub starb einige Jahre später an seiner Krankheit.

Grönings Wirkung beschreibt Grete Häusler so: »Ich sah seine Augen und wußte: Der Mann, der vor mir steht, weiß und kann mehr als alle anderen . . .«

Sie solle beten oder an etwas Schönes denken, sagte er bei der ersten Begegnung. Grete Häusler: »Da ich an nichts mehr geglaubt habe, dachte ich an einen Sonnenaufgang am Wörther-See. Und dann ist folgendes passiert . . .«

Sie erzählt das gleiche, was heute Leute nach Gedächtnis-Sitzungen sagen. »Es fing in meinem Körper an zu kribbeln, das Kribbeln stieg zum Hals empor, dann bekam ich Kopfschmerzen. Und ich spürte einen Stich in der Lebergegend.«

Schmerzen zeigen an, daß der Heilstrom zu wirken beginne, wurde ihr erklärt. Kommt die Heilung auf Dauer? Grete Häusler ist immerhin 72 Jahre alt. Und sie fühlt sich kerngesund.

Gröning-Gemeinschaften gibt es nicht nur in ganz Deutschland, sondern auch in Österreich, Rußland, ja sogar in Afrika. Darunter ist auch eine medizinisch-wissenschaftliche Fachgruppe. Sie treffen sich regelmäßig und haben rund 17000 Mitglieder.

Adresse
Grete Häusler, Leiterin des Gröning-Kreises, Fasanenweg 12, 53773 Hennef-Sieg, Tel. (02242) 81064

Guru, Guruismus

Das Wort kommt aus dem Hindi. Wörtlich: »der Gewichtige«. Nach einer inoffiziellen Volksübersetzung kann Guru auch Retter (Ru) aus der Finsternis (Gu) bedeuten. Im übertragenen Sinne: Der persönliche Lehrer, der schon jene Ziele erreicht hat, die seine Schüler erst anstreben. Also ein Vorbild. Von Guruismus spricht man, wenn der Guru nicht nur Vermittler von Glauben und Wissen, sondern selbst Mittelpunkt des Glaubens sein will: Wenn der Respekt also zur übermäßigen Verehrung wird, die den Guru als alleinseligmachende Figur darstellt, als oberste, ja göttliche Autorität, die vom Gläubigen absolute Unterwerfung verlangt. Dafür gibt es in der jüngsten Zeit viele böse Beispiele, die mitunter schon kriminell sind.

Gyromantie

Ein Mensch dreht sich im Kreis, so schnell er kann. Um ihn herum sind magische Zeichen und Symbole aufgestellt. Auf welche davon weist sein Körper, wenn er das Gleichgewicht verliert und umsinkt? Daraus glaubt man Hinweise auf die Zukunft zu erhalten. Neueste Erkenntnis: Bewußtseinstrübung durch Schwindelgefühl kann das Aufsteigen außersinnlicher Wahrnehmungen erleichtern.

Halluzination

Geht über den Umweg des Lateinischen auf ein griechisches Wort zurück: Außersichsein. Heute Fremdwort für Sinnestäuschung: etwas sehen, das nicht vorhanden ist. Ein Irrtum der Sinne. Halluzinationen können auch durch chemische Präparate hervorgerufen werden. Oft werden außersinnliche Wahrnehmungen als Halluzinationen abgetan.

Hanussen

Erik Jan Hanussen ist das Pseudonym für Hermann Steinschneider, einen legendären Hellseher. Geboren 1889 in Wien. Eine Betrugsanklage bei einem Prozeß in Leitmeritz/Böhmen endete 1929 mit einem Freispruch. Das Gericht schloß nicht aus, daß Hanussen über »gewisse rätselhafte Geisteskräfte« verfüge. Sagte angeblich den Reichstagsbrand voraus. Wurde am 7. April 1933 in Berlin tot aufgefunden, ermordet wahrscheinlich von Nazis.

Hellsehen

Eine außersinnliche Wahrnehmung, nämlich die Fähigkeit, Vorgänge mitzuerleben, förmlich zu sehen, die sich entweder an einem entfernten Ort oder in einer anderen Zeit abspielen. Genauso gibt es Hellhören und sogar Hellriechen: Dabei werden Stimmen oder Gerüche wahrgenommen, die mit entfernten oder vergangenen Ereignissen verbunden sind. Ist Telepathie nur ein anderes Wort für Hellsehen? Der Duden übersetzt Telepathie lediglich mit Fernfühlen. Hier hilft eine andere Definition weiter: Telepathie ist Gedankenübertragung. Dazu sind also mindestens zwei Menschen nötig – der Sender und der Empfänger. Hellseher kommen ohne erkennbare Mittelspersonen aus – sie sind Empfänger von Botschaften unerklärlichen Ursprungs. Allerdings sind Hellsehen und Telepathie oft voneinander nicht zu trennen. Was für eine Botschaft aus der anderen Welt gehalten wird, sind manchmal Empfindungen eines Menschen – telepathisch übermittelt. Wissenschaftler vermeiden beim Thema

Hellseherin Hildegard Habelt aus Fürstenfeldbruck ist für Insider ein Geheimtip.

Hellsehen das Wort Prophetie und Prophet. Damit werden in der Bibel die Verkünder göttlicher Botschaften bezeichnet. Beim Hellsehen geht es oft um Alltäglichkeiten. Professor Hans Bender verwendet dafür das Wort Präkognition, Vorauserkennen.

siehe auch **Telepathie**

Hexen

Es gibt wieder Hexen: Frauen, die verschüttetes Wissen und Rituale wiederentdecken und sich Hexen nennen. Es begann mit einer Ehrenrettung der Hexen vergangener Jahrhunderte: Hexenverfolgung war damals Frauenverfolgung. Hunderttausende wurden durch die Folter erpreßt und zu Tode gequält. Auf dem Scheiterhaufen endete Geheimwissen, etwa über Ge-

Sie bezeichnet sich selbst als »Hexe vom Starnberger See«: Luisa Francia. Mit alten Riten und altem Wissen will sie, wie einst die weisen Frauen, den Menschen helfen.

burtshilfe, das Frauen an Frauen weitergaben. Für die Hinrichtung einer Hexe wurde bereits vor 200 Jahren der Begriff »Justizmord« geprägt. Die neuen Hexen melden sich in der Politik, in der Ökologie, in der Frauenbewegung zu Wort, greifen alte Rituale auf. So sind in der westlichen Welt zahlreiche Hexenzirkel entstanden.

Buchtips

Starhawk: »Der Hexenkult als Ur-Religion der großen Göttin«, Goldmann-Verlag, München

Sergius Golowin: »Die weisen Frauen«, Goldmann-Verlag, München

Himmel

Der Himmel öffnet sich – unendliche Schönheit tut sich auf. Das ist im bayerischen Volksglauben das Jenseits: Siehe die berühmte Geschichte vom Brandner Kasper, der nicht sterben will, aber dann geblendet ist von der Pracht des Himmels, als er einen Blick hineinwerfen darf. Der Glaube daran wird für die Menschen aller Zeiten zum Trost. Im einfachsten Sinne ist der Himmel das Firmament über uns, der geheimnisvolle Ort, wo die Sterne kreisen. Die katholische Kirche darüber im neuen Katechismus: »In der Heiligen Schrift bezeichnet das Wortpaar ›Himmel und Erde‹ alles, was existiert: die gesamte Schöpfung. Es gibt auch das Band an, das innerhalb der Schöpfung Himmel und Erde zugleich vereint und unterscheidet: ›die Erde‹ ist die Welt des Menschen, ›der Himmel‹ kann das Firmament bezeichnen, aber auch den eigentlichen ›Ort‹ Gottes – er ist ja unser ›Vater im Himmel‹ – und folglich auch den Himmel, der die endzeitliche Herrlichkeit ist. Schließlich bezeichnet das Wort ›Himmel‹ den ›Ort‹ der geistigen Geschöpfe – der Engel, die Gott umgeben.«

Hölle

In den alten Religionen zunächst das Totenreich ganz allgemein, die Unterwelt: Daraus wird ein Ort der Verdammnis, das Reich des Satans. Die Definition der katholischen Kirche im neuen Katechismus: »Die Lehre der Kirche sagt, daß es eine Hölle gibt und daß sie ewig dauert. Die Seelen derer, die im Stand der Todsünde sterben, kommen sogleich nach dem Tod in die Unterwelt, wo sie Qualen der Hölle erleiden, ›das ewige Feuer‹. Die schlimmste Pein der Hölle besteht in der ewigen Trennung von Gott, in dem allein der Mensch das Leben und das Glück finden kann, für die er erschaffen worden ist und nach denen er sich sehnt.«

siehe auch **Jenseits**

Buchtips
Georges Minois: »Die Hölle. Zur Geschichte einer Fiktion«, Diederichs-Verlag, München
Norbert Vorgrimler: »Geschichte der Hölle«, Fink-Verlag, München

Homöopathie

Apotheken bieten oft schon auf den Geschäftsschildern Allopathie und Homöopathie. Allopathie ist die herkömmliche Arzneitherapie. Homöopathie wurde von Samuel Hahnemann, einem Arzt aus Meißen, vor fast 200 Jahren begründet. Sein Grundgedanke: Simila similibus curentur. Ähnliches mit Ähnlichem bekämpfen. Wenn Medikamente bei Gesunden bestimmte Krankheitserscheinungen auslösen, so eignet sich genau dieses Mittel auch zur Heilung bei kranken Menschen. Hahnemann war überzeugt, daß geringe Mengen mehr ausrichten als große. Medikamente werden in beträchtlicher Verdünnung (Potenzen genannt) verordnet, z. B. 1:1 000 000. Das heißt ein Tropfen Medizin auf 1 000 000 Tropfen eines Lösungsmittels (Wasser, Alkohol). Beim Vermischen kommt es auch aufs gründliche Schütteln an. Die Homöopathie kann zahlreiche Erfolgsbestätigungen vorweisen, wird aber immer noch heftig angegriffen. Mittlerweile setzen auch Tierärzte die Homöopathie ein.

Buchtips
Werner Stumpf: »Homöopathie«, Gräfe und Unzer-Verlag, München
Georgos Viothoulkas: »Medizin der Zukunft«, Wenderoth-Verlag, Kassel

Horoskop, Horoskopie

Wörtlich: Stundenschauer (griechisch). Das Horoskop ist zunächst nur ein Hilfsmittel, mit dem die Stellung der Gestirne bei der Geburt eines Menschen genau ermittelt wird: Eine Art Rechenscheibe, auf der Tierkreiszeichen und Aszendenten ermittelt werden. Früher wurde zwischen Empfängnishoroskop und Geburtshoroskop unterschieden. Schon die Stellung der Gestirne bei der Empfängnis galt als entscheidend. Heute bezeichnet das Wort Horoskop auch die fertige Aussage: Das, was Astrologen aus dem Stand der Sterne herauslesen. Hier beginnen nun unkontrollierbare Einflüsse: Die Linien und Kurven des gezeichneten Horoskops ähneln einem Mandala, einem Bild, wie es als Meditationshilfe benutzt wird. In diesem Sinne kann auch ein Horoskop außersinnliche Wahrnehmungen herausfordern, heißt es.

siehe auch **Astrologie, Chinesisches Horoskop**

Buchtips
Hajo Banzhaf: »Schlüsselworte zum Horoskop«, Roscher-Verlag, Berlin
Linda Goodman: »Astrologie sonnenklar«, Scherz-Verlag, München
M. Roscher: »Das Astrologiebuch«, Droemer Knaur-Verlag, München

Hydromantie, Hylomantie

Weissagung aus dem Wasser. Ähnlich gibt es Luft-, Erde- und Feuerweissagung (Aero-, Geo- und Pyromantie). In einem Fall ist es der Wasserspiegel, im anderen Fall sind es Formen der Erde oder Flammen, die bei Weissagungen ausgedeutet werden. Dazu gehört die Hylomantie, eine Form der Wahrsagerei aus der Vergangenheit: Man wirft Hölzchen auf den Boden – aus der Art, wie sie liegen, werden Schlußfolgerungen gezogen.

Hyydromantie in der Praxis

Die junge Frau – blond, kurze Haare, etwas mollig – stand am Ufer eines Teichs. Sie sollte fotografiert werden. »Noch ein bißchen näher ans Wasser«, bat unser Fotograf. Was dann geschah, hielt er mit diesen Worten fest: »Plötzlich fing sie zu zittern an, zu frieren, nach Luft zu ringen . . . Sie war total fertig. Wir konnten nicht mehr fotografieren. Man merkte richtig, daß in ihr innerlich etwas kämpfte. Erst als wir wieder in ihrer Wohnung waren, konnte sie reden.« Nein, das war nicht gespielt. Die Erregung stieg auf in ihr und ließ sich nicht unterdrücken. Wasser ist für sie eben nicht nur Flüssigkeit. Wasser ist für diese Frau, Agnes Geng, ein Spiegel, auf dem für sie plötzlich Bilder sichtbar werden können. Bilder aus der Zukunft.

Das am Teich – das war einfach mehr, als sie im Augenblick ertragen konnte: »Wenn zu viel Wasser um mich ist, wenn ich mich nicht konzentriere, dann kann es passieren, daß Bilder wie wahnsinnig auf mich einströmen. Der Atem wird knapp, ich friere. Vor allem dann, wenn ich in Gedanken noch mit dem Schicksal anderer Menschen beschäftigt bin, dann bricht alles auf, und die Bilder kommen durcheinander . . .«, sagt die junge Frau, die in dem Industrieort Teilfingen bei Stuttgart lebt. Diesmal war die Aufregung besonders groß: »Ich sah eine junge Frau, von der ich plötzlich wußte, daß sie an Krebs sterben wird.«

Ist die Vision aus dem Wasser das Neueste in Sachen Hellseherei? Im Gegenteil. Der Blick ins Wasser ist wahrscheinlich die älteste Methode, in die Zukunft zu blicken – älter als die Kristallkugel, älter als das Kaffeesatzlesen und Kartenschlagen. Daß im Wasser ferne Ereignisse sichtbar werden, sich förmlich dort spiegeln, wird schon von den Griechen exakt geschildert. Alles deutet daraufhin, daß es schon lange vorher Frauen und Männer gab, die buchstäblich im Wasser lesen konnen. Ein Becken im Felsen, mit klarem Wasser, eine Quelle – das war schon in Urzeiten eine Orakelstätte. Es gibt für die Veranlagung, von Wasser zum Hellsehen angeregt zu werden, sogar einen Namen: Hydromancy heißt das im Englischen. Die Methoden sind verschieden: Manche werfen Steine oder Zettel ins Wasser, beobachten die Kreise, die Wellen, die entstehen, und ziehen daraus Rückschlüsse. Bei Agnes Geng ist das anders: Sie sieht Bilder im Wasser – was sich wiederum mit der Erklärung von Wissenschaftlern deckt, daß auch der Blick ins Wasser eine Art Trance erzeuge, die Türe zum Unterbewußtsein aufsperre und Visionen hervorrufe.

Agnes Geng braucht normalerweise keine Quelle, keinen Teich. Ihr genügt eine kleine, silbern schimmernde Metallschüssel. Da gibt es keinerlei Hokuspokus mit den Zutaten oder der Umgebung. Einfaches Leitungswasser ist völlig ausreichend. Es geht auch ohne mystisches Licht und Kerzenschimmer – sie hält ihre Sitzungen im bürgerlichen Wohnzimmer ab. Sie schaut nur ins Wasser – ihr Besucher, um dessen Zukunft es geht, sitzt dabei. Am besten ist es, wenn er schweigt. Und dann fängt sie zu reden an, in völlig normalem Ton.

Eine ihrer regelmäßigen Klienten ist beispielsweise die 32jährige Chantal Heinz aus einer Nachbarstadt. Sie ist auch bereit, zu erzählen, was sie mit Frau Geng erlebt hat:

»Vor drei Jahren war es«, sagt Chantal-Irma Heinz, »daß mir Agnes Geng die Scheidung vorausgesagt hat. Damals war das für mich unvorstellbar. Für eine Trennung gab es keine Anzeichen. Wir hatten ja vier Kinder. Und finanziell stimmte auch alles. Aber was sie gesagt hat, ist eingetroffen . . .«

Was sieht Agnes Geng in einem solchen Fall genau? »Ich sehe Personen im Wasser – bunt wie auf einem Farbfoto. Und keineswegs schemenhaft. Wenn sich geringfügige Ereignisse ankündigen, kann das Bild etwas verschwommen sein. Wichtige Geschehnisse zeichnen sich ganz klar ab . . . Sogar das Wetter wird sichtbar. Das ist mir immer ein Hinweis, wann das Ereignis zu erwarten ist.« Mit dieser Art der Vorhersage liegt ihre Trefferquote sehr hoch.

Und was sah sie beispielsweise im Fall von Chantal? »Zwei Menschen tauchten auf, die sich trennten . . . Jeder ging allein fort . . . Wie ein Film laufen die Ereignisse vor mir ab, wie ein Film, der im Zeitraffertempo gespielt wird . . .«

Frau Heinz hat noch eine böse Kriminalgeschichte erlebt – aber sie war darauf vorbereitet. Und dafür ist sie Frau Geng besonders dankbar: »Sie hat auch vorausgesagt, daß ich mit einem neuen Freund Schwierigkeiten haben werde. Ich soll vorsichtig sein. Sie hat ausdrücklich gewarnt: ›Dieser Mann ist gefährlich‹. Sie prophezeite auch noch einen Einbruch in mein Haus. Das ist eingetroffen. Und mein Freund steckte dahiner . . . 95 Prozent von dem, was sie sagte, hat sich erfüllt.«

Und jetzt, als Frau Geng zitternd mit dem Fotografen am Teich stand – »da war's plötzlich so, als hätte man den Fernseher eingeschaltet. Vor mir eine junge Frau im Bett, sterbend. Und ich wußte: Krebs . . .« Agnes Geng, selbst Mutter von zwei Kindern, hat ihr Talent sehr früh entdeckt. »Wasser hat schon immer eine magische Anziehungskraft auf mich ausgeübt. Stundenlang saß ich am Ufer und sah in die Wellen – ich muß ungefähr zwölf Jahre alt gewesen sein, als im Wasser merkwürdige Bilder auftauchten. Ich konnte sogar Gesichter erkennen – Gesichter von Freundinnen. Eine von ihnen stürzte und verletzte sich . . . Dann waren die Bilder wieder verschwommen . . . Aber ungefähr eine Woche später wiederholte sich die Szene. Diesmal in der Wirklichkeit. Meine Freundin tobte auf dem Schulhof herum. Ich wollte noch hinlaufen, sie warnen, da stürzte sie auf den Boden und blutete . . .«

Für Agnes wurden diese Visionen fast zur Selbstverständlichkeit. Sie erlebte sie ohne Angst. Und ihre Fähigkeit und ihre Erfolge sprachen sich herum. Agnes lebte weiter wie viele junge Mädchen. Schule, Ausbildung, Kaufmannslehre. »Die Bilder im Wasser wurden mit der Zeit immer deutlicher und präziser. Und immer mehr wollten sozusagen Nachrichten von morgen hören. Schließlich gab Agnes ihren Beruf auf und meldete ihre Tätigkeit beim Gewerbeamt an. Sie ist übrigens überzeugt, daß Schicksal unabänderlich ist. Daß Wissen von der Zukunft nicht helfen kann, Ereignisse völlig zu verhindern. Man kann sich nur darauf einstellen.

»Man muß auch wissen, wer eine schlechte Nachricht verträgt oder bei wem man vorsichtig sein muß . . . In die eigene Zukunft hat sie noch nicht geblickt. Sie hat nur das Gefühl, sagt sie sehr sachlich, daß sie verhältnismäßig früh sterben werde. Und was meinen die Nachbarn dazu? Frau Geng hat manchmal das Gefühl, sie werde gemieden. Auch wenn gerade herumerzählt wird, daß sie Gutes richtig prophezeit hat: daß eine Ehe, für die schon die Scheidung eingeleitet war, kurz vor dem Urteil plötzlich wieder gerettet wurde. Daß zwei Menschen aufeinanderzuliefen . . .

Hypnose

Hypnos (griechisch) heißt Schlaf. Hypnos war auch ein griechischer Gott, der selbst Zeus willenlos machen und einschlafen lassen konnte. Der Hypnotisierte jedoch schläft nicht ein, für ihn versinkt die Umwelt, das Bewußtsein wird eingeengt. Seine Aufmerksamkeit wird gefangen vom Hypnotiseur, der Wille herabgesetzt. In diesem Zustand – es gibt verschiedene Abstufungen der Hypnosetiefe – können vergessene Erinnerungen wieder wach werden. Auch die Bereitschaft für außersinnliche Wahrnehmungen soll erhöht werden. Hypnose wird vielfach von Ärzten zur Heilung von seelischen Erkrankungen eingesetzt. Auch gegen Prüfungsängste. Vorsicht vor Scharlatanen! Für Ärzte ist Hypnose ein tiefgreifender Eingriff in das Funktionssystem des Menschen und einem chirurgischen Eingriff oder der Verordnung eines starken Medikaments vergleichbar. Hypnose und Verbrechen: Nach allen Erfahrungen läßt sich auch in der Hypnose niemand zu einer Tat zwingen, die seinem Charakter widerspricht. Suggestion ist dagegen nur ein Einflüstern, Einreden und kann damit die Bereitschaft zur Hypnose wecken. Gegenmeinung: Hypnose ist nicht nur Überredung, sondern Übertragung besonderer Kräfte des Hypnotiseurs.

siehe auch **Autosuggestion**

Adresse
Bund Deutscher Heilpraktiker und Naturheilkundiger e.V., Rupert Scharl, Leiblstr. 22, 85579 Neubiberg, Tel. (089) 6018429

Buchtips
Bärbel Bongartz: »Hypnose«, Rowohlt-Verlag, Hamburg
Rupert Scharl: »Moderne Hypnosetechniken für Mediziner«, Müller und Steinicke-Verlag, München
–: »Psychosomatische Meditation in der täglichen Praxis«, Pflaum-Verlag, München
Kurt Tepperwein: »Die hohe Schule der Hypnose«, Goldmann-Verlag, München

I Ging

»Das Buch der Wandlungen.« Ein Orakel, von dem sogar der Tiefenpsychologe C. G. Jung nach eigenen Worten »reichlichen Gebrauch« machte. ›I« ist im Chinesischen ein kompliziertes Wort, das mit Wandlungen übersetzt werden kann. »I Ging« wird zum Buch der Wandlungen. Für den namhaftesten Übersetzer des Werks, Richard Wilhelm, gehört »I Ging« unstreitig zu den wichtigsten Büchern der Weltliteratur«. Darin sei »die reifste Weisheit von Jahrtausenden verarbeitet«. Beim modernen Orakel wird man durch Münzwürfe oder durch Zahlen zu Symbolen und zu den Weisheiten der Vergangenheit geführt: zu sich wandelnden Bildern. Die Anzahl der Treffer erreiche – so C. G. Jung – »eine Prozentzahl, die deutlich weit über aller Wahrscheinlichkeit liegt«.

Buchtips

Carol Anthony: »Handbuch zum klassischen I Ging«, Diederichs-Verlag, München
Richard Wilhelm: »I Ging«, Diederichs-Verlag, München

Inkarnation

Lateinisch für Fleischwerdung. In den Religionen: Ein Gott, ein Geist wird zum Menschen. Reinkarnation dagegen ist die Wiedergeburt – eine Seele, der Wesenskern des Menschen, wird in einem anderen Körper wiedergeboren, wie die Anhänger indischer Religionen glauben. Wobei gute und schlechte Taten sich aufs nächste Leben auswirken sollen. Ein verehrtes Beispiel: Hoch über dem Genfer See lebt ein Kind aus Andalusien. Es soll nach Überzeugung von Millionen Tibetern – und dazu gehört auch der Dalai-Lama – die Wiedergeburt des großen Lama Thubten Yeshe sein, vorbestimmt für eine große Aufgabe. Auch Filmstar Shirley McLaine glaubt zu wissen: »Ich war im früheren Leben eine Haremsdame, ein Pirat, eine Ballettänzerin . . .«

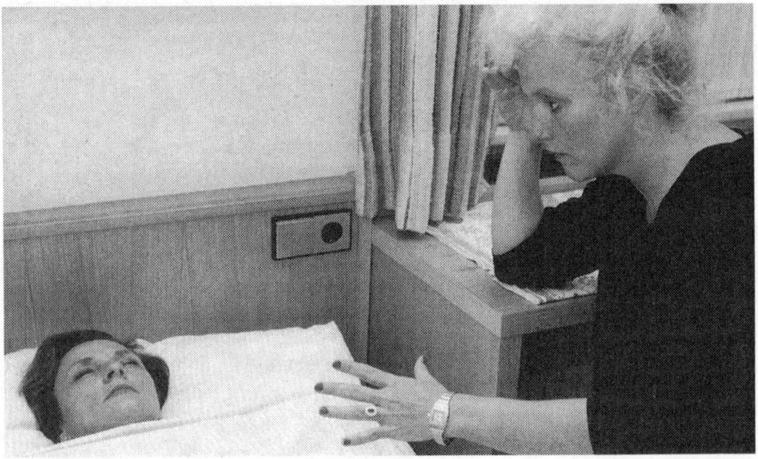

Marianne Deon führt in frühere Leben zurück. Sie ist das Medium der Vergangenheit. Sie versetzt die Klienten in Halbhypnose. In diesem Zustand werden dann erlebte Geschehnisse wach, die Jahrhunderte zurückliegen. Erinnerungen, die nun in der Gegenwart helfen können. Frau Deon macht es möglich.

Filmstar Shirley McLaine ist fest überzeugt, schon öfter gelebt zu haben.

Buchtips
Christmas Humphrey: »Karma und Wiedergeburt«, O. W. Barth-Verlag, München
Tom Stevenson: »Reinkarnation«, Aurum-Verlag, Braunschweig

Irisdiagnostik

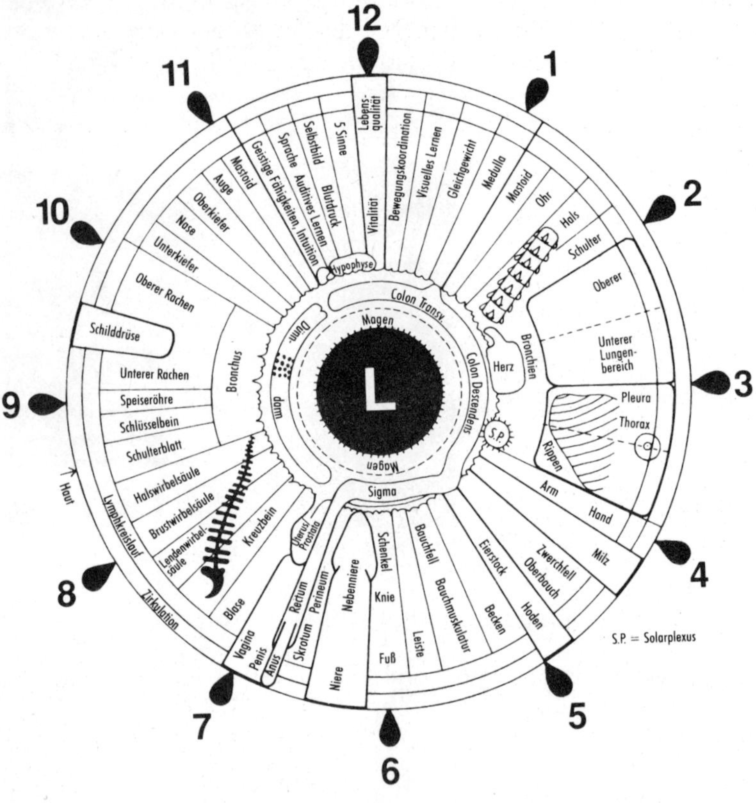

Die Iris kann Krankheiten sichtbar machen.

Das sieht auch der Laie: Es gibt müde, krank wirkende Augen. Ihr farbiger Teil, die Regenbogenhaut, ist die Iris. Die Iris- oder Augendiagnostik geht davon aus, daß die feinen Linien, die von der Pupille ausgehen, Krankheiten oder organische Veränderungen zum Beispiel durch Verfärbungen oder Furchen anzeigen. Die Iris wird in gedachte Abschnitte eingeteilt, die wiederum Reflexzonen sein sollen, also Vorgänge im Körperinneren wiedergeben können. Der untere Teil der Iris sei z. B. der Spiegel für Niere, Harnwege usw. Irisdiagnostiker begnügen sich nicht nur

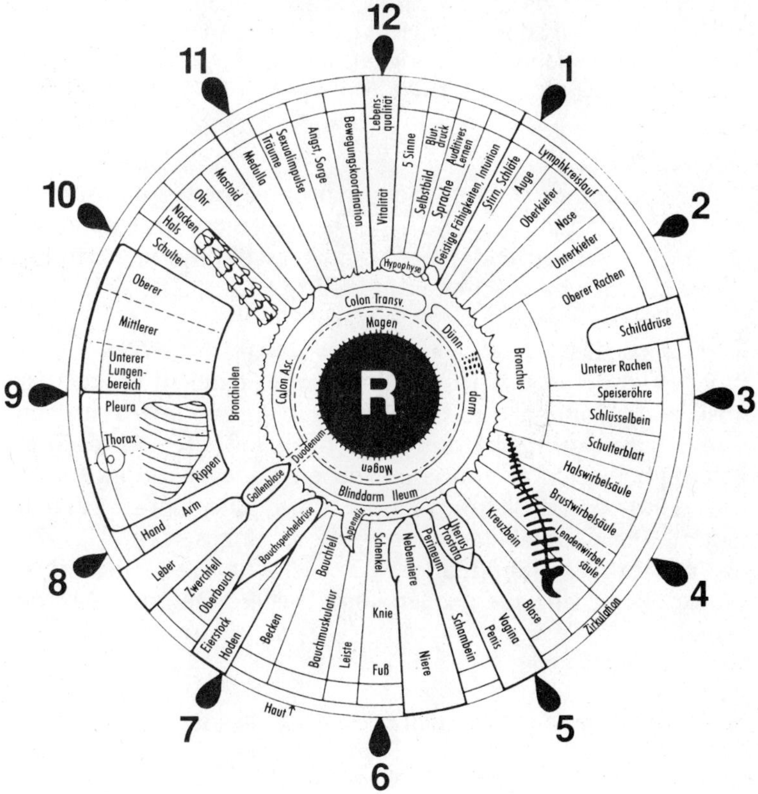

Das linke und das rechte Auge sind gleichsam ein Krankheits-Spiegelbild.

mit einem Blick ins Auge des Patienten. Sie benutzen dazu auch ein Irismikroskop oder eine besondere Kamera. Die Ärzte aber warnen: Irisdiagnose führe auf gefährliche Weise in die Irre.

Buchtips

Nico Bos: »Kunst der Irisdiagnose«, Scherz-Verlag, München
Hans Hommel: »Irisdiagnose leicht gemacht«, Ariston-Verlag, Genf
Dorothy Hall: »Handbuch Irisdiagnose. Das Auge als Spiegel der Gesundheit«, Ehrenwirth-Verlag, München

Irrlicht

Lichterscheinungen natürlichen Ursprungs vor allem in sumpfigen und moorigen Gegenden. Es handelt sich um leuchtende Bodengase: schwebende, meist bläulich schimmernde Lichter.

Der Aberglaube macht daraus verirrte Seelen oder Kobolde.

Ismakogie

Wurde von der Österreicherin Prof. Anne Seidel entwickelt. Die Abkürzung faßt einige komplizierte Vorgänge zusammen: *I*deale *S*chwingungsrhythmik aller beeinflußbaren *M*uskeln im *A*lltagsleben nach erkennbaren *k*örpereigenen *O*rdnungsgesetzen. Eine Körperhaltungs- und Bewegungslehre. Es geht darum, die Muskeln aufgabengerecht einzusetzen. Das Ziel heißt mehr Gesundheit, aber auch seelische Ausgeglichenheit. Ismakogische Übungen sollen sogar helfen, Depressionen abzubauen.

Buchtips

Brigitta Horatschek: »Ismakogie von A–Z«, Niederösterreichisches Pressehaus, St. Pölten
–: »Das Gesicht«, Niederösterreichisches Pressehaus, St. Pölten
Brigitta u. Roman Horatschek: »Fit durch Ismakogie«, Niederösterreichisches Pressehaus, St. Pölten

Ismakogie in der Praxis

Erst war Elfie Roemer ihre eigene Patientin. Sie hatte fünf Jahre lang in einem Spastikerzentrum behinderte Kinder betreut, gehoben und getragen. Die Wirbelsäule, der Nacken, die Schultern Elfie Roemers wurden überbelastet, rächten sich durch Schmerzen.

Sie besuchte eine Freundin in Wien. Dort wurde die Ismakogie geboren, eine Haltungs- und Bewegungslehre für den Alltag. Brigitta Horatschek, die sachkundige Freundin, die zwei Bücher über Ismakogie geschrieben hat, zeigte Elfie, wie man Muskeln und Muskelketten funktionsgerecht einsetzt.

Elfie Roemer lernte so lange und mit solcher Begeisterung, bis sie selbst Lehrerin wurde und Ismakogie nach München exportierte. Ein Nebenprodukt des Studiums: »Meine Nacken- und Schulterschmerzen sind verschwunden.« Lange hatte sie unter den Nachwirkungen einer Knieverletzung gelitten. »Das ist jetzt auch in Ordnung.« Was sie nun an ihre Patienten weitergibt: »Die Menschen sollen motiviert werden, sich geduldig, einfühlsam, liebevoll ihrem Körper zuzuwenden, besonders den Muskeln.«

Die Schüler studieren ihre Anatomie und probieren beispielsweise unter Anleitung aus: »Was spüre ich, wenn ich diese Muskelgruppe anspanne? Wie fühlt es sich an, wenn ich loslasse?« Gerade das Entspannen ist für viele Menschen schwierig geworden. »Oft sind Fußmuskulatur oder Bauchmuskulatur total verkümmert«, stellt Elfi Roemer fest. Bei anderen Bewegungstherapien legt der Therapeut selbst Hand an. Ismakogie dagegen ist Anleitung zur Selbsthilfe, zum Selbergesundwerden. »Pressen Sie nicht die Lippen zusammen, schieben Sie nicht Kinn und Mund nach vorn«, sagt etwa die Lehrerin – und plötzlich spürt die Patientin nach einigen Übungen, daß dieses Training nicht nur den Muskeln guttut. Auch das Gesicht spiegelt wider, wenn sich der Körper wohlfühlt. »Alle sagen, ich sehe jünger aus«, berichtet eine Krankenschwester. »Die Muskeln, die Bindegewebe waren nach der Geburt meines ersten Kindes schlaffer geworden, sie haben sich wieder gestrafft. Es sind einfach ein paar Jahre von mir abgefallen.« Ismakogie als Schönheitskur.

Adressen

Elfie Roemer, Luisenstr. 75, 80798 München, Tel. (089) 527474

Gesellschaft zur Förderung der Ismakogie, Lazarettgasse 6, A-1090 Wien
Brigitta Horatschek, Hofmühlgasse 7a, A-1060 Wien, Tel. (0222) 5668223

Kabbala

Wird oft mit Jüdischer Geheimlehre übersetzt. Das Wort bedeutet Überlieferung. Wobei auch an Lehren und Praktiken gedacht wird, die nicht aus Büchern zu lernen sind oder die in Büchern so verborgen sind, daß man sie ohne Hilfe nicht erkennt. Die Überlieferung wird so zur Geheimlehre, zu einer mächtigen Strömung in der jüdischen Religionsgeschichte. Gottsuche auch mit esoterischen Mitteln – also auf Wegen, die nur einem kleinen Kreis von Wissenden zugänglich sind. In diesem Sinne gibt es auch eine christliche Kabbala. Aus Geheimwissen wurde im Volk Hexerei. Kabbalisten galten schließlich als Männer mit Zauberkräften. Sie entwickelten auch eine Zahlenlehre: Buchstaben werden in Zahlen umgesetzt, nach bestimmten Regeln zusammengezählt – und das Ergebnis soll Aufschlüsse beispielsweise über den Charakter der betreffenden Person geben können.

Buchtips

Papus (eine autorisierte Übersetzung von Julius Nestler): »Die Kabbala«, Fourier-Verlag, Wiesbaden
Alan Richardson: »Einführung in die mystische Kabbala«, Sphinx-Verlag, Basel

Kaffeesatzlesen

Eine populäre Form des Wahrsagens an Hand von Umrissen, Andeutungen von Bildern, die im Kaffeesatz sichtbar werden, wenn man ihn nach Austrinken leicht an der Tasse eintrocknen läßt. Der Kaffeesatz selbst (manchmal auch Teerückstände) sagt nach Ansicht mancher Parapsychologen nichts über die Zukunft aus – er ist lediglich ein Hilfsmittel. Der Blick auf dunklen, feuchten, glänzenden Kaffeesatz rege außersinnliche Wahrnehmungen an, er werde im besten Fall zum Spiegel der Vorstellungen, der Visionen, die in dafür begabten Personen aufsteigen. Vorausgesetzt wird bei allen Formen ähnlichen Wahrsagens, daß auch der Fragesteller unbewußt Zeichen gibt.

Kaffeesatz in der Praxis

Cleo Kretschmer, Filmstar und Autorin, diese Cleo war einfach glücklich. Die rumänische Wahrsagerin Viorica Moldovan, die ihr in München gegenübersaß, blickte für Cleo in den Kaffeesatz – und sie sah die Zukunft und in ihr sehr viel Erfreuliches.

Es begann jedoch ein bißchen düster. Cleo sei vor kurzem wegen eines Mannes sehr traurig gewesen. »Stimmt«, mußte die Schauspielerin sagen. Und sie bekam gleich wieder einen neuen Grund zu staunen.

Viorica sprach plötzlich, mit dem Blick in die Kaffeetasse, einen ganz heftigen, ganz geheimen Herzenswunsch von Cleo aus. Da war von einem Mann, einem Haus am Meer, einem fernen Land, einem Kind die Rede – alles, was für Cleo wichtig ist. Und die Wahrsagerin sah es in einem hoffnungsvollen Schein.

Nur Eingeweihte können den Kaffeesatz wirklich deuten.

Sie war übrigens in ihren Prognosen viel präziser, als es hier stehen kann: Auch Stars können wünschen, daß geheime Gedanken geheim bleiben – selbst wenn sie von einer Wahrsagerin laut ausgesprochen werden. Wie aber will sie das alles in den Überresten von gebrannten Kaffeebohnen erkennen? Was sieht sie wirklich?

Lustig, originell, liebenswürdig, reiselustig, erfolgreich, eine niederbayerische Naturgewalt – nichts wußte Viorica von diesen Eigenschaften Cleos. Sie ist Rumänin, kam erst kürzlich in die Bundesrepublik, kann noch nicht richtig Deutsch, und die Filme von Cleo Kretschmer (deren wirkliche Vornamen Ingeborg Maria kaum jemand kennt) wurden nie dort gezeigt, wo Viorica lebte. Der Star, den man ihr vorsetzte, war für sie ein Besuch wie jeder andere. Ohne Vorgeschichte.

Was sie nun mit dem Kaffeesatz tat, hat sie von einer älteren Freundin gelernt. Und das ist offenbar sehr altes Wissen. Haargenau so, wie sie es macht, so wurde schon vor 200 Jahren verfahren.

Ein alter Bericht schildert uns Kaffeestunden im Jahre 1777: Die Wahrsagerin schüttet »das Oberschälchen ohngefähr halb voll von dicken Coffee, und schwinget dasselbe dreymal, nicht mehr und nicht weniger, in der Runde herum, damit der Coffeesatz sich überall ansetze«.

Ganz genau das tat also Viorica, nachdem Cleo die Tasse ausgetrunken hatte. Manche Wahrsager, so liest man in den Lexika, hauchen zur Sicherheit noch dreimal in die Tasse, damit der Atem den Kaffeesatz in bestimmte Formen ordne. Das tat die Rumänin nicht – aber sonst folgte sie den uralten Spielregeln: Die Tasse wird umgedreht, der Restkaffee läuft aus, der Satz bleibt zurück. Und darin sollen sich also Schicksale spiegeln, zukünftige Ereignisse abzeichnen?

Wir holten für Viorica noch einen weiteren Testklienten an den Tisch, einen skeptischen Arzt. Ein Dolmetscher übersetzte, was sie sagte: »Da ist etwas mit Ihrer Tochter. Die hat Erfolg. Aber das erfahren Sie von anderen, nicht von ihr . . .«

»Richtig«, räumte der Arzt ein. Es handelte sich allerdings nicht um Zukunft, sondern um jüngste Gegenwart. Seine Tochter hatte bei einer Prüfungsarbeit hervorragend abgeschnitten, was der Vater zufällig bei einer Begegnung mit ihrem Professor erfuhr.

Das hatte die Wahrsagerin gesehen: Die Gestalt eines Mannes, dann in hellem Licht die Mädchenfigur – aber zwischen ihr und den Vater hatte sich etwas geschoben. Eine Barriere. Aber die Barriere wird irgendwie überwunden . . . Und dann erkannte sie – bei Cleo wie bei dem Arzt – im Kaffeesatz Wege, Straßen, die fortführten.

Bei der Schauspielerin tauchten am Rand helle Gestalten auf, beim Arzt erschien indessen eine Figur, der Dunkles aus dem Mund kam. Die Schlußfolgerun: Cleo wird verreisen – und erfolgreich sein. Während Viorica für den Arzt Ärger vor der Reise voraussah, der bald wieder vergessen sein werde. Auch hier mußte der Mediziner zustimmend nicken: Demnächst will er, wie alle Jahre, mit einem Freund ein paar Tage Urlaub machen, Bergtouren unternehmen – und das paßt seiner Frau nicht recht. Kleine Auseinandersetzungen sind vorprogrammiert. Daß in seiner Verwandtschaft ein unerwartetes Ereignis Kummer auslöst, trifft ebenfalls zu: Eine Schwester hatte sich von ihrem Partner getrennt.

Wie kommt das alles aber in den Kaffeesatz hinein? Für die Erforscher dieses Phänomens ist das Rätsel längst kein Rätsel mehr.

Kaffeesatzlesen, das ist für sie eine Kunst, die – auch wenn das komisch klingt – sogar älter ist als der Kaffee. Schon vor 3000 Jahren beugten sich Chinesen über Knochen, die im Feuer gerötet waren. Durch die Hitze waren Sprünge, Rillen, Linien auf den Knochen entstanden – wie im Kaffeesatz. Auch diese Krakel erzählten Geheimnisse der anderen – jedenfalls demjenigen, der die Linien zu deuten wußte. Schamanen, Magier, Medizinmänner fremder Völker und Kulturen wurden für dieses Wissen verehrt und bestimmten die Geschicke ihrer Mitmenschen. In englischsprachigen Ländern nimmt man statt Kaffee auch Tee. Die Prozedur verläuft genau wie bei Viorica oder in französischen Salons vor 200 Jahren: Die Tasse wird geschwenkt, die Reste der Flüssigkeit werden weggegossen – und der Blick in die Rückstände wird zur Vision.

Wie gesagt, für den, der es kann. Wer muß eigentlich in die Tasse hauchen, sie drehen oder ausleeren – der Wahrsager oder derjenige, der daraus getrunken hat und einiges aus der Zukunft hören will?

Solche Fragen des Rituals sind für viele Forscher – auch für jene, die Kaffeesatzlesen ernst nehmen – nicht sehr wichtig. Denn auf den Kaffee kommt es gar nicht an. Er ist – so eine der möglichen Erklärungen – nur ein Hilfsmittel für den Wahrsager, sich zu konzentrieren, ein Mittel wie einst die Knochensplitter oder Teeblätter, das die »psychische Intuition« anregt. So steht es in einem amerikanischen Handbuch der Parapsychologie.

Mit anderen Worten: Der Blick in den Kaffeesatz öffnet für Menschen, die für außersinnliche Wahrnehmungen begabt sind, die Tür zum Unterbewußtsein, sie sprechen aus, was sie spüren – was ihre Antennen von dem anderen Menschen empfangen: dessen Gedanken, Ängste, Hoffnungen.

»Manchmal sieht man direkt, wie die Bilder erscheinen«, sagt Viorica einmal beiläufig. Die Eindrücke kommen also erst, wenn sie in die Tasse blickt. Nur durch Telepathie, meinen dazu Wissenschaftler, wird der Wahrsager angeregt, Formen überhaupt zu erkennen.

Ihm oder ihr geht es dabei wie uns allen, wenn wir auf ein wirres Muster von Formen blicken. Wir sehen ungeordnete Linien – erst wenn uns jemand aufmerksam macht, erkennen wir bestimmte Bilder: Richtig – da schaut uns doch ein Gesicht an. Oder diese Wolken sehen aus wie ein Tier.

Auch der Wahrsager braucht eine Art Stimme, die ihm sagt, was da zu sehen ist – eine Stimme aus dem eigenen Inneren, eine Stimme, die wiedergibt, was das Unterbewußtsein angesichts eines bestimmten anderen Menschen empfindet: das ist, zusammengefaßt, die Meinung vieler Forscher.

Viorica hat sich selbst noch ein paar Regeln gesetzt, aus Erfahrung. Besonders hellsichtig fühlt sie sich an jenen Tagen, an denen zu Hause im katholisch-orthodoxen Rumänien gefastet wird: dienstags und freitags. Und für eigene Familienangehörige blickt sie nicht in die Kaffeetasse.

Nur einmal wurde sie überlistet. Eine Verwandte brachte die Kaffeetasse von Vioricas Ehemann erst auf die Seite und stellte sie später wieder auf den Tisch. Der Kaffeesatz sei von einem Freund. Ob sie etwas erkennen könne. Und Viorica las und las. Von Umzugsplänen, beruflichen Problemen, von Charaktereigenschaften – bis ihr Mann aufschrie: »Du beschreibst ja mich! Von wem stammt die Tasse?« Tatsächlich: Es war die seine. In diesem Augenblick waren für Viorica alle Bilder wie weggeblasen – in dieser Tasse sah sie nichts mehr.

Cleo werde bald eine Reise machen, hat die Rumänin gesagt und von Häusern am Meer erzählt. Gegenprobe: Anruf bei Cleo. Hat sich das erfüllt? Sie war leider nicht zu sprechen. Sie ist nach Tanger gefahren, nach Marokko ans Meer, sagte eine Stimme am Telefon . . .

Kalender, Hundertjähriger

Der Titel führt in die Irre: Tatsächlich hat Dr. Mauritius Knauer, Abt des Klosters Langheim im Bistum Bamberg, Wetterbeobachtungen nur für sieben Jahre – von 1652 bis 1658 – zu Papier gebracht. Er sah auch astrologische Zusammenhänge. Daraus leitete er Gesetzmäßigkeiten und – so meinen Fachleute – brauchbare Ratschläge für Bauern ab. So wurde das Buch zu einem Bestseller des 18. Jahrhunderts, der heute noch zitiert wird. Aber selbst Knauer verlangte nicht zu glauben, daß sich das Wetter fest an einen Sieben-Jahres-Rhythmus hält: ». . . doch ist dem Allmächtigen hierin kein Ziel und Maß gesetzt.«

Karma

Im strengen Sinn des Wortes ist Karma mit Wirken oder Tun zu übersetzen. Die Duden-Erläuterung dieses Begriffs geht weiter: ». . . das den Menschen bestimmende Schicksal.« Karma bedeutet in der östlichen Geisteswelt noch mehr: Karma ist das Schicksal, das aus den eigenen Taten und Werken entspringt, über den Tod hinaus, so daß Schicksalsschläge ihre Ursachen in einem früheren Leben haben können.

Kartenlegen

Kartomanie, auch Kartenschlagen. Für die Bedeutung einzelner Karten und Kartenkombinationen gibt es feste, erlernbare Regeln. Wichtig zum Beispiel die Reihenfolge, in der sie gelegt werden. Ist dies wirklich entscheidend? Kartenlegen läßt sich mit dem Kaffeesatzlesen vergleichen: Es gibt Begabungen, bei denen der Anblick der Karten und ihrer Symbole unbewußte Informationen auslöst. Tarot war früher nur ein Spiel. Daraus wurde ein Wahrsageritual, ein Orakel, eine Geheimwissenschaft.

Buchtips

Rhea Koch: »Wahrsagen mit Karten«, Falken-Verlag, Niedernhausen

Gerhard Leutner: »Die hohe Kunst des Kartenlegens«, Ariston-Verlag, Genf

Kirlian-Fotografie

Mit Hilfe von Hochfrequenzströmen werden elektrische Entladungen des menschlichen Körpers, aber auch von Pflanzen fotografiert. Das Verfahren dazu wurde von dem sowjetischen Ehepaar Semjon und Valentina Kirlian entwickelt. Die Bilder zeigen einen Strahlenkranz – nach Auffassung einiger Forscher die Aura des Menschen, also sein Strahlungs- und Energiefeld, an dessen Störungen man Krankheiten erkennen könne. Eine Methode, die durchaus ernst genommen wird.

siehe auch **Aura**

Buchtip
Willi Franz: »Theorie und Techniken der Kirlian-Fotografie«, Nagelschmid-Verlag, Stuttgart

Klopfgeist
Spukerscheinungen, die mit Klopfgeräuschen verbunden sind. Spiritisten verständigen sich durch solche Zeichen auch mit einer anderen Welt. Oft sind Jugendliche die Täter.

Kosmobiologie
Kosmos ist das Weltall, die Weltordnung. Für Kosmobiologie gibt es mehrere Deutungen. Kosmobiologie ist eine Wissenschaft, die sich mit Leben im Kosmos befaßt. Kosmobiologie bezeichnet auch ein Gebiet der Astrologie. Sie lehrt, daß nicht allein kosmische Einflüsse, sondern auch biologische Kräfte das menschliche Leben beeinflussen und lenken. Weiter gibt es eine Kosmobiologische Forschungsgesellschaft, die den Wahrheitsgehalt astrologischer Aussagen untersucht.

Kristallkugel
Sie ist ein Wahrzeichen für Hellseher geworden. Immer dienten spiegelnde oder leuchtende Körper, ja sogar Seifenblasen als Hilfsmittel, um außersinnliche Wahrnehmungen, um Visionen herauszufordern. Das hat auch die Wissenschaft beschäftigt. Der berühmte Parapsychologe Professor Dr. Hans Bender veranstaltete Versuchsreihen, in denen er nachwies, daß die Kugel tatsächlich Handlungen auszulösen vermochte, die nicht vom Willen kontrolliert wurden.

Laotse

Laotse, wahrscheinlich 571 vor Christus geboren. Ein chinesischer Denker, der die Grundlagen der Tao-Lehre niederschrieb: »Das Buch vom Tao ist, wohl auch infolge seines geringen Umfanges, der meistübersetzte chinesische Text«, sagt der Schriftsteller Lin Yutang. Tao – dao in der offiziellen Umschrift – wird mit Weg, Grund, Prinzip, Art und Weise übersetzt: eine chinesische Philosophie, eine Religion. Der Westen greift in unserer Zeit immer mehr Gedanken und auch Techniken des Taoismus auf (wozu übrigens auch Atemübungen und das chinesische Schattenboxen Tai ji-quan gehören (siehe Tai Chi Chuan). Laotse ist nicht der Name des Philosophen gewesen, von dessen Leben wenig bekannt wurde. Laotse ist ein Titel, den es heute noch gibt. Im offiziellen chinesisch-deutschen Wörterbuch aus Peking entdeckten wir: Lao = alt, höfliche Anrede an alte Leute (und Freunde). Laotse ist ebenfalls eine ehrenvolle Anrede für Vater.

Buchtip
Laotse: »Tao Te King«, Diederichs-Verlag, München

Levitation

Lateinisch levis, leicht an Gewicht. Levitation bedeutet: Ein Mensch verliert die Erdenschwere und beginnt entgegen allen Gesetzen der Physik zu schweben. Das soll bei Heiligen beobachtet worden sein, aber auch bei Naturvölkern in Afrika. Sogar Sekten der Gegenwart behaupten, Levitation durch Meditation erreichen zu können. Das subjektive Gefühl des Schwebens wurde nicht selten durch Rauschgift erzielt. Häufig auch trickreiche Gaukelei.

Macumba

In den brasilianischen Slums kann dies auch der Tourist miterleben: Wie Einheimische tanzen, zu einfacher Musik, und dabei unter Trommelwirbeln in Trance fallen. Das ist die äußerlichste und wahrscheinlich harmloseste Form dieser »Religion der armen Teufel«, wie sie auch genannt wird. Macumba soll einst bei den Vorfahren der Sklaven in Afrika der Baum gewesen sein, unter dem man sich traf, um geheimnisvolle Kräfte, gute und böse Geister zu beschwören. In Südamerika durchsetzte Macumba alten afrikanischen Glauben mit christlichen Elementen und Schwarzer Magie. Dazu gehört es, einem Feind eine Krankheit anzuhexen. Macumba wird von den einzelnen Macumbeiros – sie leiten die Zusammenkünfte – fast nach Belieben variiert: mit Kerzen, Räucherwerk, Tieropfern und Musik.

Magie

Die Urform des Worts bezeichnete im Persischen Priester, Traumdeuter, Philosophen. Aus magh ist unser deutscher Begriff Macht geworden. Genau das aber ist Magie: die Fähigkeit, durch Zeichen, Symbole, Worte oder Handlungen Macht auf andere auszuüben. Der Begriff Magier wurde schließlich verallgemeinernd für Zauberer angewandt: für alle, die sich magischer Kräfte bedienten. Weiße Magie meint positive Kräfte, Schwarze Magie beschreibt negative, böse Auswirkungen. Magische Objekte sind Gegenstände, von denen besondere Kräfte ausgehen: Fetische, Maskottchen. Auch die Begriffe Weiße und Schwarze Kunst meinen nichts anderes als Magie, die gerade eine Wiedergeburt erlebt. Im guten Sinne ist Weiße Magie das Wissen um geheimnisvolle Kräfte der Natur, denen sich die Menschheit im Zeitalter der Technik immer mehr zuwendet. Auch Schwarze Magie wird untersucht: Ob körperliche Leiden beispielsweise durch Telepathie übertragen oder ausgelöst werden können. Während das wissenschaftliche Interesse an magischen Phänomenen größer wird, wächst zugleich die Neigung zur Scharlatanerie: Im üblen Sinne kann der Mißbrauch der Magie zu einem bösen, einträglichen Geschäft werden. Für Pfarrer Friedrich-

Wilhelm Haack, den verstorbenen Experten für Aberglaube, war Magie lediglich ein Sammelausdruck für unerklärliche Beeinflussungen und Wirkungen, auch für Handlungsabläufe, die vorhandenen Gesetzmäßigkeiten widersprechen.

Magnetismus

Die Ströme und Magnetfelder, die vom menschlichen Körper ausgehen, sind meßbar. Auf tierischen Magnetismus stieß schon der Arzt und Astrologe Franz Anton Mesmer (1734–1815). Seine Heilmethode wurde Mesmerismus genannt und war eine Vorstufe der Hypnose. Geheimnisvolle Kräfte konnten durch streichende Bewegungen aktiviert werden. Mesmer setzte auch Magneten ein, um beispielsweise Epilepsie zu heilen. Mesmerismus ist in der Vergangenheit versunken – er dient jedoch weiterhin zur Erklärung magisch heilender Hände und der Kraftübertragung vom Heiler auf Patienten.

Magnetismus in der Praxis

Es gibt Menschen, von denen Kraft ausgeht. Heilende Kraft. Daran zweifeln auch Wissenschaftler nicht mehr. Zu diesen Menschen mit geheimnisvollen Fähigkeiten gehört auf jeden Fall auch Ursula Kress, eine mütterlich wirkende Frau von etwas über 70 Jahren. Sie vermochte sogar einer Frau zu helfen, die ihr Gehör verloren hatte. Wir würden es nicht glauben, hätten wir nicht selbst mit der Patientin gesprochen ...

»Naturärztin, Heilmagnetopathie, psychologische Beratung« steht auf dem Schild an der Tür ihres Hauses in Romanshorn gleich bei der Schweizer Grenze am Bodensee. Hinter einem überladenen Schreibtisch eine Frau, die auch in der Schweiz ihren Berliner Akzent nicht verloren hat. Das also ist Ursula Kress.

Zuerst war es ein Gerücht: Eine taub gewordene Frau habe nach der Behandlung durch Frau Kress ihr Gehör wiedergefunden. Konnte das möglich sein? Die Patientin lebt in Wien – wir riefen dort an. Sie ging selbst ans Telefon – und sie verstand uns ohne Hörhilfe klar und deutlich. Sie hat nichts dagegen, daß ihr voller Name – Benedikta Grimm – genannt wird: So glücklich ist sie über die Heilung.

Sie hatte das Gehör verloren als Folge von Vernarbungen nach Mittelohrentzündungen. Ärzte wußten nur einen Rat: Sie verordneten ein Hörgerät, das jedoch wenig half. Benedikta Grimm fand ihren Weg zu Ursula Kress – und nach einigen Besuchen war das Hörvermögen offenkundig wiederhergestellt – wie das Telefongespräch bewies.

Frau Kress gehört jedoch zu jenen erfolgreichen Naturärzten, die erst einmal abschwächen: »Ich heile überhaupt nicht. Es ist die eigene Natur des Patienten, die heilend wirkt. Durch meine Bemühungen spreche ich die Natur das Kranken an, ich kräftige sie, aktiviere alle Funktionen . . .«

Und wie behandelt sie? »Natürlich, mit Handauflegen. Das ist es, was der Patient sieht.« Was er nicht sieht, ist die Kraft, die offenbar in ihr steckt, die sie durch kreisende, streichende Bewegungen überträgt.

Ursula Kress folgte damit zunächst unbewußt den Lehren des Arztes Franz Anton Mesmer aus dem 18. Jahrhundert, der am Körper magnetische Kräfte entdeckt hatte. Das hatte sie schon als Kind gespürt: Kranke empfanden es als lindernd, wohltuend, wenn Ursula sie berührte und streichelte . . . Auf ihre heilenden Kräfte machten sie später auch Ärzte aufmerksam. So kam Ursula Kress als junge Mutter mit dem eigenen Kind in die Klinik. Darmverschluß. Nach Anweisungen des Arztes massierte sie den aufgeschwollenen Bauch des Kindes, der dann plötzlich zusammenfiel. Sie hätte eine wunderbare Kraft in ihren Händen, sagte der Arzt, und sie hörte das immer wieder auch von anderen Medizinern.

Parapsychologen und später Ärzte drängten sie, ihre Kräfte zu nutzen. Zögernd fing sie an: Erst arbeitete sie zwei Jahre bei Ärzten, um der Krankheit in der Praxis zu begegnen, um zu lernen. Ihre Fähigkeit lag offenbar in der Familie. Man hatte ihr nichts davon erzählt. Aber dann fand sie einmal ein Buch mit handschriftlichen Anmerkungen ihrer Großmutter über Mesmer . . .

Sie ließ ihre Behandlungen von Ärzten überwachen. Wir haben die Originalbriefe eingesehen. Ein Berliner Chirurg schrieb ihr beispielsweise: ». . . und konnte ich mich immer wieder überzeugen, daß sie sehr beachtliche Erfolge bei verschiedensten Krankheiten hatte.« Er bescheinigte ihr auch Umsicht: »Frau Kress ist außerordentlich gewissenhaft und verantwortungsbewußt und leitet Kranke mit einem Leiden, das durch sie nicht geheilt werden kann, einem entsprechenden Arzt zur Weiterbehandlung zu . . .«

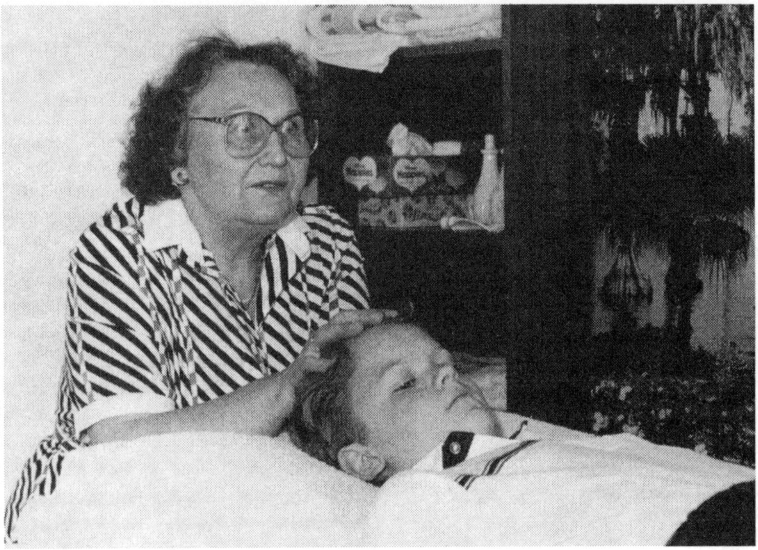

Dieser Junge wollte einfach nicht wachsen: Der 13jährige Bernd wurde von der Magnetopathin Ursula Kress erfolgreich behandelt. Er ist nach wenigen Sitzungen bereits um fünf Zentimeter größer geworden.

Andere Ärzte haben ihrerseits Patienten zur heilmagnetischen Behandlung an Frau Kress überwiesen. Patienten schildern hinterher dankbar den Erfolg. Da ist eine junge Frau, die an Muskelschwäche in Armen und Beinen litt und sich kraftlos dahinschleppte. Frau Kress behandelte sie einige Monate. »Dann fiel meinen Bekannten auf, daß ich besser als vorher laufe . . . Ich spürte neue Lebensgeister in mir. Sogar meine Büroarbeit bewältigte ich ohne große Anstrengungen . . . Meine Muskulatur hat sich mit der Zeit gestärkt. Manchmal verspüre ich Lust, mich zu bewegen, schalte mir Musik ein und tanze . . .«

Natürlich wirkt die Kraft der Ursula Kress genauso auf die Seele wie auf Muskeln. Wir denken hier an eine Freundin der Filmschauspielerin Liane Hielscher, wir denken an eine junge Frau, die von Furcht und Unsicherheit gequält wurde. Sie hatte Angst vor Menschen, aber auch Angst, allein zu sein. Sie fühlte sich bedrückt, willenlos, kraftlos, unfähig, mit dem Alltag fertig zu werden. »Depression« sagen die Ärzte zu dieser Krankheit. Aber sie konnten nicht helfen. Da versuchte Liane Hielscher für die Freundin einen letzten Weg. Sie hatte von Ursula Kress gehört, die gerade bei Depressionen schon viel erreicht habe: Zu ihr brachte Liane die angstkranke Freundin. Und jetzt kann sie sagen: »Es ist alles wieder gut. Ein Gefühl, als würde ein neues Leben anfangen.«

Bei einem anderen Fall wissen wir noch nicht, wie er ausgeht. Wir hatten eine Frau im Wartezimmer der Naturärztin angesprochen. Eine Zahnärztin mit ihrem Kind, einem Buben, der zwergenhaft wirkt. Ihr Junge ist der Größe nach ein kleines Kind, aber sein Gesicht, seine kräftige Statur verrät, daß er schon viel älter sein muß. Die Ärzte fürchten: Mehr als eine Größe von 1,30 Metern wird er nicht erreichen. Das Wachstum scheint stillzustehen.

Frau Kress versprach nichts. Aber die Mutter stellt fest: Das Unglaubliche geschah – der Bub ist mittlerweile um einige Zentimeter gewachsen. Was spürt das Kind, wenn Frau Kress die Hände auflegt und kreisen läßt? »Manchmal kribbelt es ein bißchen, wenn sie mich am Kopf berührt, manchmal spüre ich auch an den Gelenken Kribben . . .«, sagt das Kind. Eines ist auf alle Fälle geschehen, wie in den meisten Fällen zuvor: Hoffnung ist wach geworden. Und neue Kraft. Das ist das mindeste, das alle spüren, die von Frau Kress kommen . . .

Makrobiotik

»Makrobiotik oder die Kunst, sein Leben zu verlängern« hieß ein Buch über moderne Ernährung, das der Arzt C. W. Hufeland schrieb – und das bereits 1796. Die neue Makrobiotik kommt aus Japan: Ein Ernährungssystem, das zu einer Philosophie wird, aufgebaut auf Grundsätzen der asiatischen Religionen. Die Nahrung – gesund, naturbelassen, der Jahreszeit folgend – soll für seelisches Gleichgewicht sorgen und damit nicht nur Gesundheit erhalten, sondern auch Krankheiten in ihren tiefsten Ursachen treffen. »Eine hervorragende Ernährungsform gerade für Menschen, die Probleme mit tierischem Eiweiß haben«, sagt Barbara Rütting, einst Schauspielerin, heute bekannte Autorin für moderne Lebensformen. Sie selbst kam von Makrobiotik ab – sie ist für sie zuwenig »kulinarisch«. Ein anderer Einwand: Makrobiotik verlangt langes und intensives Lernen. »Ohne dieses erscheinen die hiermit verbundenen rigorosen Kostumstellungen aus medizinischer Sicht nicht ungefährlich«, meint der »Gesundheits-Brockhaus«. Zeitweise wurden unter dem Namen Makrobiotik auch äußerst einseitige und deshalb gesundheitsschädliche Ernährungsformen angepriesen.

Buchtips
Michio Kushi, in Zusammenarbeit mit Alex Jack: »Frieden und Harmonie durch Makrobiotik«, Heyne-Verlag, München
Michio Kushi: »Der makrobiotische Weg«, Goldmann-Verlag, München
Michio u. Aveline Kushi: »Das große Buch der makrobiotischen Ernährung und Lebensweise«, Ost-West-Bund-Verlag, Völklingen

Mandala

Der Westen kennt Mandalas vor allem als Kunstwerke: als Bilder, als streng symmetrische Zeichnungen, die sich aus Kreisen und Quadraten aufbauen – ausdeutbar als Symbole kosmischer Kräfte. Sie helfen dem Betrachter bei der Meditation.

Der 14. Dalai-Lama im Vorwort zum Buch »Das Mandala«: »In ihrer Formenvielfalt, von einfachen Diagrammen über differenzierte Gemälde auf Stoff bis zu komplizierten Mustern aus farbigem Sand und großen dreidimensionalen Schnitzereien besitzen Mandalas einen tiefen symbolischen Sinngehalt. Wir Tibeter betrachten sie als heilig.«

Der Seelenforscher C. G. Jung hörte von einem tibetischen Priester folgende Erklärung: Das wahre Mandala sei immer ein »inneres Bild, welches durch Imagination allmählich konstruiert wird, und zwar dann, wenn eine Störung des seelischen Gleichgewichts vorhanden ist oder ein Gedanke nicht aufgefunden werden kann«. Diese inneren Bilder werden gezeichnet oder gemalt und dienen als Hilfe zur inneren Versenkung, als Hilfe auch beim Heilen.

Buchtips
Martin Brauen: »Das Mandala – Der Heilige Kreis im tantrischen Buddhismus«, DuMont-Verlag, Köln
Rüdiger Dahlke: »Mandalas der Welt«, Heyne-Verlag, München

Mantra

Ein Urlaut, ein Wort, ein Spruch, ein Gebet, ein Vers, der ständig wiederholt wird. Dies wird in allen Religionen der Welt praktiziert. Beispiel: die tibetische Gebetsformel »Om mani padme hum«. Das mag eintönig klingen – dem Meditierenden aber hilft dies, abzuschalten, sich zu konzentrieren. Das Mantra löse seelische Schwingungen aus, heißt es.

Materialisation

Wenn Übersinnliches, Unmeßbares, Unsichtbares plötzlich greifbar, sichtbar wird – dann spricht man von Materialisation. So wird von Fällen berichtet, in denen Geistwesen Fußspuren hinterlassen haben sollen. Spiritisten behaupten, Verstorbene seien sichtbar geworden – durchscheinend zwar, aber in der Gestalt erkennbar. Für solche Fälle liegt keinerlei Beweis vor.

Meditation, Meditieren

Meditari (lateinisch) heißt nachsinnen. Genau so versteht die katholische Kirche dieses Wort. Nach dem Lesen der Heiligen Schrift ist die Meditation die Verinnerlichung des Gelernten, ein Vorgang des Nachdenkens, des Insichversenkens.

»Über Gelesenes nachsinnen heißt, diesem begegnen und es sich aneignen«, sagt der neue Katechismus. Für die Kirche ist also Meditation ein »betrachtendes Gebet . . . Ein Christ soll regelmäßig meditieren . . .« Das Wort der Kirche kehrte auf dem Umweg über Fernost wieder zu uns zurück. Die moderne Welt hat – besonders seit der 68er-Bewegung – die Meditation geradezu begeistert aufgegriffen. Im harmlosesten Fall als Entspannungsübung, als Fitneßprogramm für die Seele, aber auch als eine Art Droge. Bei der modernen Meditation werden östliche Erfahrungen und Methoden mit einbezogen, sogar als Heilmittel, um beispielsweise den Blutdruck zu senken oder die eigenen Gehirnwellen zu beeinflussen. Yoga, Psychologie, Autogenes Training – zu all diesen auch von Ärzten angewandten Methoden gehört Meditation, die immer wieder genau so beginnt wie in mittelalterlichen Klöstern: in einer Atmosphäre der

Stille, der Konzentration. Versenkung als Gegenströmung zum Streß der Außenwelt. Es gibt Hilfsmittel wie Bilder oder Wörter, die helfen, das Ziel des Meditierens zu erreichen: in sich selbst Kraft zu finden – oder den Blick in eine höhere Welt zu öffnen.

Buchtips

Rüdiger Dahlke: »Reisen nach innen«, Hugendubel-Verlag, München

David Fontano: »Kursbuch Meditation«, O. W. Barth-Verlag, München

Lutz Schwäbisch/Martin Siems: »Selbstentfaltung durch Meditation«, Rowohlt-Verlag, Hamburg

Medium

Im lateinischen medius steckt unser Wort Mitte. Das Medium ist der Mittler, der Vermittler: Gemeint sind ein Mann, eine Frau, die außersinnliche Wahrnehmungen im weitesten Sinn des Wortes aufnehmen und weitergeben können – Botschaften aus einer anderen Welt, Stimmen aus einer anderen Zeit, Mitteilungen eines entfernten Menschen.

Meridiane

Für den Geographen sind dies die Längenkreise, die Linien, die auf dem Globus die Pole miteinander verbinden. Die Akupunktur dagegen spricht von 14 Körper-Meridianen: Durch sie fließt die Körperenergie. Auf den Körper-Meridianen liegen die Akupunkturpunkte. Durch sie wird der Strom der Energie beeinflußt.

siehe auch **Akupunktur**

Metaphysik

Der Begriff ist zunächst ein literarisch-technischer Irrtum. Der altgriechische Philosoph Aristoteles hatte sich in seinen Schriften mit Natur, mit Physik beschäftigt. Die philosophischen Betrachtungen, die danach folgten, nannte man einfach »meta tungen, physika«: Das, was nach der Physik kommt. Das bezog sich lediglich auf die Einteilung der Schriften. Daraus wurde die moderne Deutung: Die Lehre von dem, was hinter den Dingen steckt, die Suche nach dem Sinn und Wesen des Seins.

Mysterium

Darin stecken die Worte geheim und verschwiegen. Mysterium schließlich ist ein religiöses Geheimnis, eine Geheimlehre. Mysteriös ist geheimnisvoll. Mystik wurde im Mittelalter zu einer religiösen Bewegung, die durch innere Versenkung den Weg zu den Geheimnissen des Glaubens oder den Erkenntnissen sucht, die sich sonst dem Verstand verschließen (mystische Erlebnisse). Ein böser Mißbrauch in der Gegenwart: Drogenmystik, nämlich der Versuch, Bewußtseinserweiterung mit Rauschgift zu erreichen.

New Age

Neues Zeitalter. Das ist zunächst wörtlich gemeint: Nach dem Zeitalter der Fische beginnt in der Astrologie das des Wassermanns, ein Abschnitt, der zugleich eine Wende in der Geschichte der Menschheit bringt. Dieser Gedanke ist nicht neu – er lebte jedoch, von Kalifornien ausgehend, in den sechziger Jahren auf und wurde zu einer weltumfassenden Bewegung, die an den Beginn einer neuen Epoche des Friedens und der Harmonie glaubt. Das Neue Zeitalter entdeckt Grenzwissenschaften, asiatische Religionen, Selbstverwirklichung, Bewußtseinserweiterung. Anders als manche Jugendreligionen folgt diese Bewegung nicht einem Führer oder Verführer: Der einzelne Mensch müsse sich verändern. New Age mit vielfältigen Bestrebungen ist sicherlich eine Reaktion auf die Entzauberung der Welt durch die Technik. Das alte Weltbild, das auf den Naturwissenschaften aufbaut, habe abgewirtschaftet, lehrt einer der Vordenker des Neuen Denkens, Fritjof Capra.

Buchtips

Elmar R. Gruber: »Was ist New Age?«, Herder-Verlag, Freiburg
–: »New Age Wörterbuch«, Herder-Verlag, Freiburg

Nirwana

Das Sanskritwort heißt eigentlich verlöschen, vergehen. Daraus wird das erstrebenswerteste aller Ziele. Für den Buddhisten verlöschen Begierde und Haß – es beginnt die absolute Vollendung, das Ende der Seelenwanderung, die Einheit mit dem Göttlichen, ein Zustand zeitloser Glückseligkeit, der schon vor dem Tod erreicht werden kann.

Nostradamus

Er war der berühmteste Hellseher der Welt. So oft wie er wird keiner zitiert. Er prophezeite einst verblüffend präzise beispielsweise den Sturz des Schahs. Wörtlich: »Dessen Ende in Frankreich beginnen wird, wegen eines Propheten, der sich an einen versteckten Ort zurückgezogen hat.« Genau so geschah es. Aus einem kleinen Ort Frankreichs kam Ajatollah Khomeini – der Schah mußte fliehen. Das Erstaunliche: Die Prophezeiung wurde vor rund 450 Jahren niedergeschrieben – von dem französischen Arzt Michel de Notre Dame. Die Welt kennt ihn als Nostradamus. Geboren in der Provence, lebte er zeitweise auch in Italien und zuletzt in der Nähe von Marseille, wo er seine Vorhersagen zu Papier brachte. Sie erschienen bereits zwei Jahre nach seinem Tod (1568) in Gedichtform. Es handelt sich um rund 1000 Gedichte, meist Vierzeiler. Das Schwierige: Er verkürzte für die Verse oft den Satzbau und verschlüsselte Ortsnamen mit dunklen Begriffen, die Mißdeutungen erlauben, zu Fehlschlüssen führen. Er kündigte einen Papst aus Polen an. Aber er schrieb nicht den Namen dieses Staates, sondern: Der Papst aus dem Memelland. Leichter sind einige andere geographische Begriffe zu finden. Er malte den Krieg zwischen dem Iran und dem Irak aus – und sprach dabei von Mesopotan, dem Zweistromland. Sein Blick in die Zukunft für unsere Gegenwart: Für das Ende dieses Jahrhunderts sagt er einen großen Krieg voraus.

Buchtips

Wolfram Eilenberger/Viktor Schubert: »Nostradamus«, Ariston-Verlag, Genf

Max de Foutbrune: »Was Nostradamus wirklich sagte«, Ullstein-Verlag, Berlin

John Hogue: »Nostradamus Jahrtausendwende«, Weltrundschau-Verlag, Freiburg

Amadeus Voldben: »Nostradamus und die großen Weissagungen über die Zukunft der Menschheit«, Langen Müller-Verlag, München

Numerologie

Zahlen scheinen die nüchternsten, klarsten Angaben zu sein – doch auch in ihnen stecken geheimnisvolle Aussagen. Jeder von uns kennt Glücks- oder Unglückszahlen. Die Numerologie glaubt unerkannte Gesetzmäßigkeiten, Symbole einer geheimen Ordnung zu erkennen. Das hat eine lange Vorgeschichte. Zahlenmagie ist in der jüdischen Kabbala zu entdecken wie bei christlichen Mystikern. Daraus wurde die moderne Numerologie, die Namen, Geburtstage, wichtige Daten in Zahlen verwandelt und daraus ihre Folgerungen zieht. Dafür gibt es mehrere Systeme. Jules Silver, ein Kenner alter Zahlenmagie, baut zum Beispiel auf einer hebräischen Umrechnungstabelle auf. Sein System verwendet die Zahlen 1 bis 8, denen die Buchstaben des Alphabets zugeordnet werden.

A=1, B=2, C=3, D=4, E=5, F=8, G=3, H=5, I=1, J=1, K=2, L=3, M=4, N=5, O=7, P=8, Q=1, R=2, S=3, T=4, U=6, V=6, W=6, X=6, Y=1, Z=7.

Probieren wir es aus: Der Name des britischen Thronfolgers Charles wird in Zahlen übersetzt: 3+5+1+2+3+5+3. Und diese Einzelzahlen werden addiert – auf die Quersumme kommt es an, sie verrät den Charakter. Das Ergebnis im Fall von Charles: 22. Das ist eine Meisterzahl, eine Sammlung guter Eigenschaften: würdig eines Königs. Doch 22 hat eine weitere Quersumme: 4. Und die weist – folgen wir Silvers Zahlenauslegung – auf diese Eigenschaften hin: solide, praktisch, phantasielos, wenig anregend, nicht schöpferisch, ernst, finster, abweisend. Nehmen wir noch den Namen der Prinzessin Diana: 4+1+1+5+1. Quersumme: 12. Weiter vereinfacht: 3. Und für diese Zahl nennt Silver u. a. folgende Eigenschaften: »Hochbegabt, phantasievoll, lebendig, aber auch diktatorisch, Unfähigkeit, irgend etwas ernst zu nehmen, gefallsüchtig, zerstreut . . .« Und jetzt dürfen die Leser entscheiden, ob das Ergebnis der Zahlenmagie die Betroffenen richtig beschreibt . . .

Buchtips

Mary Anderson: »Einführung in die Numerologie«, Sphinx-Verlag, Basel

Cheiro – Graf Lois Hamon: »Das Buch der Zahlen«, Bauer-Verlag, Freiburg

Helyn Hitchcock: »Selbsthilfe durch Numerologie«, Peter Erd-Verlag, München

D. Juriaanse: »Numerologie – Zahlen bestimmen Ihr Leben«, Heyne-Verlag, München

Bernd Nossack: »Numerologie«, Heyne-Verlag, München
Jules Silver: »Numerologie – Ihre Glückszahlen. Eine Kabbala des 20. Jahrhunderts«, Ariston-Verlag, Genf

Od

Eine Kraft, die von Menschen, Tieren, Pflanzen, Kristallen ausgeht und sich auch in Mond- und Sonnenstrahlen nachweisen läßt. Das lehrte jedenfalls der Chemiker und Naturphilosoph Carl von Reichenbach vor rund 150 Jahren. Die odische Kraft wird zur Aura: zu einem Strahlenkranz der Menschen. Odische Kraft dient auch zur Erklärung außersinnlicher Wahrnehmungen.

Okkult, Okkultismus

Occultus bedeutet im Lateinischen zunächst geheim, occultare heißt geheimhalten. Gemeint ist also Geheimwissen. Okkult wird oft als anderes Wort für esoterisch, paranormal oder übersinnlich benutzt. Doch wird in der Diskussion von Fachleuten sehr genau unterschieden:

– Esoterischer Okkultismus: Geheime Kenntnisse, die nur für Eingeweihte bestimmt sind. Die Weitergabe des Wissens ist oft an Riten gebunden; die Schüler steigen stufenweise empor zu höheren Graden des Eingeweihtseins.

– Wissenschaftlicher Okkultismus: Hier geht es darum, geheime oder bisher unerklärliche Vorgänge zu erforschen.

Für Geheimwissen in jeder Form gilt, was schon der Parapsychologe Professor Bender feststellte: Die Welt erlebt seit den sechziger Jahren »eine okkulte Welle, eine okkulte Explosion«.

siehe auch **Grenzwissenschaften, Parapsychologie**

Orakel

Auf das Orakel haben schon die alten Griechen geschworen. Hier der berühmte Tempel von Delphi, heute eine Touristenattraktion.

Das ist, laut Herkunfts-Duden, zunächst ein Ort, an dem »die Götter geheimnisvolle Weisungen« erteilen. Als Orakel wurden später die Weisungen selbst oder die Methoden bezeichnet, durch die man Götter zum Sprechen brachte, Priester verkündeten die Orakelsprüche, lasen sie aus Zeichen der Natur ab, zum Beispiel aus Tiereingeweiden oder Formen des Vogelflugs. Eine berühmte Orakelstätte der alten Griechen war Delphi.

Paracelsus

Ein großer Naturarzt, geboren 1493 in der Schweiz, gestorben 1541 in Salzburg unter geheimnisvollen Umständen, so daß auch von Mord gesprochen wird. Sein wirklicher Name: Theophrastus Bombastus von Hohenheim. Er predigte eine naturgemäße Lebensweise und entwickelte zahlreiche Medikamente. Er beschäftigte sich genauso mit den Kräften des Firmaments und der Magie. So beeinflußte er Wissenschaften wie Mystiker.

Buchtips

Pirmin Meier: »Paracelsus. Arzt und Prophet«, Ammann-Verlag, Zürich

Ulrich Fellmeth/Andreas Kotheder: »Paracelsus, Theophrast von Hohenheim«, Wissenschaftliche Verlagsgesellschaft, Darmstadt

Parapsychologie

Para (griechisch) bedeutet neben, bei, Psyche ist die Seele, Logos die Lehre. Also eine Nebenwissenschaft zur Seelenkunde. Der Duden übersetzt diesen Begriff mit »Psychologie der okkulten seelischen Erscheinungen«. Widerspruch! Die moderne Parapsychologie ist der Versuch, mit allen wissenschaftlichen Mitteln, nicht nur mit Seelenforschung, bisher unerklärbare Phänomene wie Spuk- und Geistererscheinungen, Hellsehen oder Gedankenübertragung zu untersuchen. Zu dieser Untersuchung gehören Statistik genauso wie Methoden der Physik. Der Begriff wurde 1889 von dem Berliner Psychologen und Philosophen Max Dessoir (1867–1947) geprägt.

Zu den bekanntesten Forschungsinstituten gehört das oft zitierte »Institut für Grenzgebiete der Psychologie und Psychohygiene«, das von Professor Dr. Hans Bender in Freiburg gegründet wurde.

Adresse

Institut für Grenzgebiete der Psychologie und Psychohygiene, Eichhalde 12, 79104 Freiburg i. Br., Tel. (0761) 55035

Buchtips
Milan Ryzl: »Parapsychologie«, Droemer Knaur-Verlag, München
Armando Pavese: »Handbuch der Parapsychologie«, Pattloch-Verlag, Augsburg

Pendel

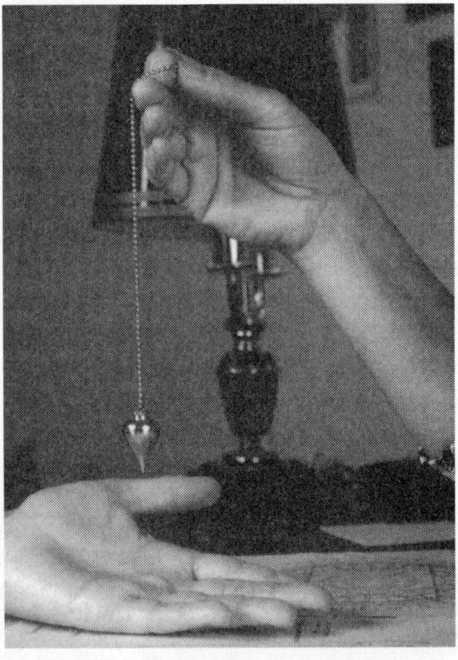

Die geheimnisvolle Kraft des Pendels wurde immer wieder untersucht. Die Ergebnisse sind verblüffend.

Lateinisch pendere heißt hängen, schwingen. Ein Gewicht pendelt an einer Schnur. Daraus wird Erstaunliches: »Der Pendel ist eigentlich eine verfeinerte Form der Wünschelrute«, sagt die Fachautorin Gertrud Hürlimann. »Die Methoden sind verschieden, die Ergebnisse sind die gleichen.« Der Pendel wird, wie die Wünschelrute, unter anderem benutzt, um Erdschätze oder Wasserströme zu entdecken. Benutzt werden alle Metalle, auch

Gold und Silber, aber auch Bernstein, Glas, Holz oder Jade. In vielen Händen wird dann der Pendel zu einem Werkzeug für außersinnliche Wahrnehmungen. Der Pendel dreht sich im Kreis, er zieht eine Ellipse. Auch die Kraft des Pendelausschlags kann eine Rolle spielen – für Vorhersagen, medizinische Diagnosen, Erkenntnisse über Leben und Tod. Es gibt Ärzte, die prüfen mit dem Pendel sogar die Verträglichkeit von Medikamenten bei bestimmten Patienten. Die Frage für die Parapsychologie: Reagiert der Pendel auf unbekannte Strahlen, zum Beispiel von unterirdischen Wasserläufen – oder überträgt er unwillkürliche Muskelbewegungen und macht auf diese Weise außersinnliche Wahrnehmungen des Pendlers sichtbar? Übrigens ist das grammatische Geschlecht des Pendels umstritten. Für den Duden gibt es nur das Pendel. Parapsychologen unterscheiden feiner: In der Naturerforschung ist der Pendel für sie männlich. Meint man ein Gerät für außersinnliche Wahrnehmungen – dann heißt es: das Pendel.

Pendeln in der Praxis

Warum konnte Christine Kaufmann plötzlich nicht mehr richtig schlafen? Bisher hatte sie da keine Probleme – die nächtliche Unruhe kam erst, als sie in eine neue Wohnung in Münchens Stadtmitte einzog. Schlaflosigkeit nachts – Müdigkeit untertags, ein ungutes Gefühl im Magen. Woran konnte das bloß liegen?

Die international gefragte Schauspielerin kam mit einer Nachbarin ins Gespräch, mit einer jungen, eleganten Frau, die aussieht, als sei sie Geschäftsführerin vielleicht bei einem Juwelier, jedenfalls bei einer anspruchsvollen Firma. Helga Kiesel hat indessen einen Beruf, der als geradezu hexenhaft gilt. Sie ist Giromantin, das heißt Pendlerin und Wünschelrutengängerin. So steht es auf ihrer Visitenkarte, so ist sie auch beim Gewerbeamt angemeldet. Und Helga Kiesel konnte Christine Kaufmann helfen.

Sie nahm ein Ding, das wie ein dünner, biegsamer Metallstab aussah: ein Stab, der schon bei leichter Berührung ins Zittern kommen kann.

Das ist die moderne Form einer Wünschelrute, die man einst aus Ästen zusammenschnitt. Mit dieser Rute nun schritt Helga Kiesel die

Wohnung von Christine Kaufmann ab. Heftige Ausschläge dort, wo das Himmelbett der Schauspielerin steht: Darunter müssen sich unterirdische Wasserläufe kreuzen, was sich nach Erfahrung der Rutengänger auf die Gesundheit auswirken und Schlafstörungen verursachen kann. Die einfache Therapie: Bett umstellen. Christine Kaufmann tat es. »Und seitdem sind meine Schlafstörungen vorbei«, sagt sie.

Was tut Helga Kiesel sonst? Gerade, als wir sie befragen, ruft eine andere Schauspielerin an und vereinbart einen Besuch, bittet allerdings, ihren Namen nicht zu nennen. An der Wand von Helga Kiesels Besprechungszimmer hängt übrigens ein Foto, das sie mit »Kojak« Telly Savalas zeigt. Auch für ihn ließ sie ihr Pendel schwingen. Offensichtlich hat sie prominente Klienten. Wie kann sie ihnen helfen?

Helga Kiesel spürt drohende Krankheiten mit dem Pendel schon Jahre vorher auf.

Versuch mit einer Testperson, die sich vorher von einem Arzt hatte untersuchen lassen: Sie läßt ihr Pendel über der Hand des Besuchers kreisen. Dann wiederholt sie das über einer Art Windrose, einer Zeichnung mit einer kompaßähnlichen Einteilung. So kann sie genau den Winkelgrad, die Richtung des Ausschlags ihres Pendels messen. Und was besagt das?

»Jeder Mensch hat seine eigene Strahlung, seine Aura, sein Od, wie man auch sagt. Ich reagiere nur auf diese Strahlen mit dem Pendel. Es macht durch seine Bewegungen sichtbar, was im anderen vorgeht. Ich bin lediglich die Empfangsstation.«

Bei der Versuchsperson, die wir mitgebracht hatten, meldete der Pendelausschlag Beschwerden. Der Streß setzt dem Mann offenbar zu. »Da könnte etwas im 12-Finger-Darm-Bereich sein. Und der Blutdruck ist leicht überhöht.«

Stimmt genau – das hatte vorher auch der Art festgestellt. »Aber ich heile nicht«, sagt sie ein paarmal im Gespräch. Bei ihrem Pendelgramm – so nennt sich die Auswertung des Pendelschlags – stellt sie lediglich Störungen fest. »Im Gesundheitsbereich sehe ich sehr genau, was da kommt«, sagt Helga Kiesel. Aber dann schickt sie den Betroffenen zum Arzt – und der rechtzeitige Tip kann sehr viel Kummer und Leid ersparen, wie eine Klientin von Helga Kiesel in einem Brief dankbar berichtet. Sie erzählt ihre ganze Krankengeschichte:

Sie hatte eben die Krebsvorsorge-Untersuchung hinter sich gebracht. Ohne Befund. Und dann fuhr sie in den Urlaub, und zwar zuerst einmal nach München. Eine Freundin erzählte ihr von Helga Kiesel. Aus Neugierde ging sie zu ihr. Lassen wir die Frau berichten:

»Sie sagte mir, ich möchte sofort noch einmal den Arzt aufsuchen. Sie forderte es so nachdrücklich, daß ich meinen Mann überredete, den Urlaub abzubrechen. Dem Arzt zu Hause verschlug es die Sprache. Innerhalb kurzer Zeit hatte sich eine Krebsgeschwulst in der linken Brust gebildet.« Sie konnte noch rechtzeitig, ohne Folgen für die Frau, entfernt werden – ein halbes Jahr später wäre sie wahrscheinlich ohne Amputation nicht mehr zu retten gewessen. Andere Patienten berichten, daß Helga Kiesel sie so rechtzeitig vor Nierenversagen warnte, daß die Ärzte schnell und ohne Probleme helfen konnten. Sie sieht manchmal dabei weit in die Zukunft. »Manchmal kann ich erkennen, daß sich beispielsweise in zwei oder drei Jahren eine schwere Krankheit einstellen wird.« Sie sagt es, nicht um angst zu machen, sondern in der Hoffnung, daß sich ihre Prophezeiung nicht erfüllt: weil ihr Besucher nach der Warnung durch Frau Kiesel vorsichtiger lebt, zeitig den Arzt um Rat fragt, sich auf die Verhinderung der Krankheit einstellt.

Wie hat sie eigentlich ihre Begabung entdeckt? Helga Kiesel wuchs in Franken auf, wurde Industriekauffrau, und eines Tages brachte ihr der Chef aus Indien als Souvenir ein Pendel mit, der in ihrer Hand sofort spürbar intensiv reagierte. Das beobachtete bei anderer Gelegenheit ein Besucher des Chefs, und der sagte: »Aus dir wird mal was.« Der Mann, der ihr eine Karriere als Pendlerin ankündigte, war ein berühmter Heiler seiner Zeit: Bruno Gröning.

Sie verschaffte sich im Laufe der Jahre immer mehr Wissen, verfeinerte die Methoden. Jetzt, nachdem ihre beiden Töchter schon erwachsen sind, kann sie sich für ihr Fach auch mehr Zeit nehmen. Und zur Eingebung kommt Erfahrung. Helga Kiesel setzt heute verschiedene Pendel ein – aus Ebenholz, Bernstein, Bergkristall, Elfenbein, Metall. Jedes Material reagiert anders. Bernstein zeigt ihr besonders spürbar Erkrankungen von Kopf, Hals und Bronchien an. Rosenholz ist empfindlicher für feinste Schwingungen als Metall. Damit pendelt sie Krankheiten aus – Metall benützt sie eher für geschäftliche Prognosen.

Damals, als sie noch Industriekauffrau war, pendelte sie für ihren Chef sogar aus, ob bestimmte Aufträge sich lohnen würden. Um geschäftlichen Rat wird sie auch heute noch gebeten – so wie Besucher sich vom Pendel auch Empfehlungen ganz anderer Art geben lassen. Zum Beispiel über Lebenspartner. Sie spürt, und das Pendel zeigt es an, ob Menschen zueinander passen. Ja, sogar ob ein Kranker und ein Medikament aufeinander abgestimmt sind. Zuletzt mußte das Pendel einmal bei einer sehr dramatischen Entscheidung helfen.

Ein Vater, Musiker in München, brauchte Rat. Sein Sohn, den man übrigens aus der Fernsehsendung »Dingsda« kennt, stand vor einer lebensbedrohlichen Operation. Ein Mittelhirntumor mußte entfernt werden. In München hieß es: »Die Chancen sind sehr gering.« Wohin sollte er sich nun wenden? Der Vater hatte eine Liste von sechs Ärzten zusammengestellt, die ihm genannt worden waren. Aber an wen sollte er sich wenden? Da ließ er sich vom Pendelschlag beraten, der auf einen persischen Chirurgen in Hannover verwies. War es ein guter Rat? »Das Kind hat die Operation sehr gut überstanden«, kann der Vater berichten. »Zehn Tage nach der Operation konnte er bereits spazierengehen.« Und jetzt sagt der Pendelschlag: »Er wird weiter so leben wie bisher.«

Aber nicht nur bei den ganz großen, schwerwiegenden Ereignissen kann Helga Kiesel mit der Magie des Pendels Hilfe leisten. Auch bei den sogenannten alltäglichen Problemen und Fragen gibt das Pendel Antwort.

Karin Stühler kann das nur bestätigen. Die 42jährige Frau aus Stuttgart kam im Auftrag ihres Ehemannes zu Helga Kiesel.

»Mein Mann konnte sich nicht entscheiden«, sagt sie. »Sechs Angebote von verschiedenen Firmen lagen ihm vor, alles einmalige Chancen für ihn als Elektriker. Doch welche Offerte sollte er annehmen, welche Firma war die richtige?«

Mit dem Pendel fand Helga Kiesel heraus, welchem Betrieb Herr Stühler den Zuschlag geben sollte. »Mein Mann ist heute noch begeistert!« verrät Karin Stühler. »Er hat Helga Kiesels Rat befolgt und die beste Wahl seines Lebens treffen können!«

Karin Stühler und viele andere Besucher, inzwischen Stammkunden, waren anfänglich skeptisch. Aber Helga Kiesel und die Antworten des Pendels haben sie überzeugt.

So lernen Sie selbst pendeln

Auch Sie können die geheimnisvollen Kräfte des Übersinnlichen spüren und gezielt für Ihr Leben einsetzen. Ein Beispiel hierfür ist der Umgang mit dem Pendel. Sie brauchen keine Vorkenntnisse. Sie können sofort beginnen. Nehmen Sie einfach einen Ring, der Ihnen gehört, und knüpfen Sie daran einen Bindfaden von etwa 40 cm Länge.

Die verblüffendsten Erfolge erzielen Sie, wenn sie dem Pendel ganz konkrete, einfache Fragen stellen, z. B. nach der Verträglichkeit von Speisen. Waschen Sie vorher Ihre Hände mit klarem Wasser, um mögliche Magnetfelder auszuschalten. Setzen Sie sich ruhig hin, konzentrieren Sie sich auf Ihre Frage und nehmen Sie das Pendel in die rechte Hand. Wickeln Sie den Bindfaden zweimal um Mittel- und Zeigefinger, lassen Sie das Pendel frei herunterhängen, etwa zwei Zentimeter über der Speise. Fragen Sie: »Ist diese Speise für meine Gesundheit gut?«

Nach wenigen Sekunden bewegt sich das Pendel, beschreibt kleine Kreise. Lassen Sie es ruhig weiterschwingen. Das Essen ist gesund, wenn das Pendel nach rechts schwingt. Handelt es sich um eine ungesunde Speise, wird es nach links kreisen. Sie können mit Hilfe des Pendels Ihren gesamten Speiseplan überprüfen und verändern. Das Pendel hilft noch bei weiteren Fragen des alltäglichen Lebens. Fragen Sie, ob Sie mit dem Rauchen aufhören sollen, legen Sie ein Foto Ihres Partners unter das Pendel und fragen Sie, ob er der

Richtige ist, ob eine neue Freundschaft Bestand haben wird, welche Medikamente gut für Sie sind, wo Sie Ihren Urlaub verbringen sollen.

Vergessen Sie nie, sich für jede Auskunft beim Pendel zu bedanken!

Buchtips
Gertrud Hürlimann: »Pendeln ist erlernbar«, Hugendubel-Verlag, München
M. u. D. Juriaanse: »Das praktische Pendelbuch«, Hugendubel-Verlag, München

Physiotherapie

Ein Physiologe erforscht die Lebensvorgänge. Physiotherapie ist dann nichts anderes als das Fremdwort für Naturheilverfahren, für die Behandlung mit Naturmethoden (Wasser, Luft, Sonne, Massagen usw.)

Planchette

Ein Miniaturtischchen auf Rädern, an dem ein Bleistift so befestigt ist, daß er die Unterlage berührt. Ein Medium oder mehrere Personen legen die Hand auf. Das Tischchen gerät in Bewegung, und das Schreibgerät zeichnet Buchstaben, Wörter, ganze Sätze auf: als Botschaften aus einer anderen Sphäre.

siehe auch **Automatisches Schreiben**

Positives Denken

Der berühmte nordamerikanische Heiler Dr. Phineas Quimby lehrte bereits im vergangenen Jahrhundert, daß sogar Krankheiten durch positive Gedanken beeinfluß werden können. Auch die Christliche Wissenschaft – nicht zu verwechseln mit Scientology – griff dies auf. Daraus wurden Schulen, die mit Autosuggestion, Suggestion, Hypnose diesen Weg verfolgen. Durch positive Gedanken werden Ziele gesetzt, neue Kräfte erschlossen und die »Kraftzentrale Unterbewußtsein« angezapft. Eine Methode des Heilens und der Lebenshilfe, die in unserer Zeit neu entdeckt worden ist. So wurde das Buch »Die Macht des Unterbewußtseins« des amerikanischen Religionswissenschaftlers Dr. Joseph Murphy zum Weltbestseller. Greifen wir einige seiner Grundsätze heraus:

– »Denken Sie das Gute, und es wird sich verwirklichen! Denken Sie aber Böses, so wird Böses eintreten.«

– »Was immer Ihr Bewußtsein für richtig hält und fest glaubt, wird Ihr Unterbewußtsein als wahr hinnehmen und verwirklichen. Glauben Sie an Ihren guten Stern, an göttliche Eingebungen, an die Richtigkeit Ihrer Entscheidung, alle Segnungen des Lebens.«

Ähnlich Norman Vincent Peale, gleichfalls ein amerikanischer Prediger des Positiven Denkens:

– »Wenn wir unsere Gedanken ständig auf die Erwartung düsterer und gefährlicher Dinge konzentrieren, werden wir uns auch fortwährend unsicher fühlen.«

Zu den Klassikern des Positiven Denkens gehört Dale Carnegie, dessen Bücher – selbst wenn sie Jahrzehnte alt sind – immer wieder in den Bestsellerlisten zu finden sind. Er lehrt: »Gebt euch nicht dem Jammern über Kleinigkeiten hin. Laßt euch euer Lebensglück nicht von Bagatellen – diesen Termiten des Lebens – untergraben.« Der Titel seines wichtigsten Buches zeigt deutlich das Ziel, das er setzt: »Sorge dich nicht – lebe!« Diese Form des Denkens schien in unserer Zeit, die das Jammern liebt, überholt zu sein. Die Auflagenzahlen der Bücher Murphys, Peales und Carnegies lassen jedoch erkennen, daß das Publikum anders denkt.

siehe auch **Autosuggestion**

Buchtips

Dale Carnegie: »Sorge dich nicht – lebe«, Scherz-Verlag, München
Donald Curtis: »Wie man Probleme löst«, Herbig-Verlag, München
Peter Kummer: »Nichts ist unmöglich«, Herbig-Verlag, München
–: »Wunderwerk Unterbewußtsein«, Herbig-Verlag, München
–: »Ich will, ich kann, ich werde«, Herbig-Verlag, München

Joseph Murphy: »Dein Recht auf Glück«, Herbig-Verlag, München
–: »Werde reich und glücklich«, Herbig-Verlag, München
–: »Die Macht Ihres Unterbewußtseins«, Ariston-Verlag, Genf

Prana

Das Sanskritwort für Atem. Gemeint ist Lebenskraft, Lebensenergie, kosmische Kraft im Herzen des Menschen. Nach dessen Tod wird sie wieder zur kosmischen Energie.

Prophet, Prophezeiung

Für die Kirche ist dieser Begriff eng begrenzt: »Unter Propheten versteht der Glaube der Kirche hier diejenigen, die der Heilige Geist bei der Abfassung der Heiligen Bücher des Alten wie des Neuen Testaments inspiriert hat«, schreibt der neue Katechismus der katholischen Kirche. In anderen Kulturen wurde das Wort – zum Beispiel lateinisch: propheta – allgemein für Seher und Künder benutzt, wobei auch die Propheten meist in einem kultischen Rahmen auftraten: als Mahner, Warner, Verkünder göttlichen Willens. Heute wird im Alltag »prophezeien« zu oft als anderes Wort für vorhersagen eingesetzt. Mit Rücksicht auf die religiöse Bedeutung sprechen Parapsychologen nicht von Prophezeiungen, sondern von Präkognition: Vorauswissen, Voraussehen.

siehe auch **Hellsehen**

Psi

Das ist der 23. Buchstabe des griechischen Alphabets – aber zugleich der Anfang des griechischen Wortes Psyche, Seele. Kurzbezeichnung für die Kräfte, mit denen sich die Parapsychologie beschäftigt. Für Pfarrer Friedrich-Wilhelm Haack ist Psi die »Kurzformel für das große Unbekannte«.

Der Ausdruck wurde bereits 1942 von dem Wissenschaftler Dr. H. J. Thouless (Universität Cambridge) und seinem Mitarbeiter Dr. B. P. Wiesner geprägt. Die beiden gingen davon aus, daß paranormale Phänomene beziehungsweise außersinnliche

Wahrnehmungen durch experimentelle Forschung »über jeden vernünftigen Zweifel hinaus« nachgewiesen worden seien. Es sei naheliegend, daß die verschiedenen Phänomene durch eine einzige paranormale Kraft ausgelöst würden. »Dafür benutzen wir den Ausdruck Psi«, heißt es in einem Aufsatz der beiden Gelehrten. Der Begriff hat sich mittlerweile mit kriegsbedingter Verspätung weltweit durchgesetzt. In der Fachliteratur ist auch von Psi-Gamma und Psi-Kappa die Rede: Der erste Begriff meint die eher passive Aufnahme von außersinnlichen Wahrnehmungen, der zweite beschreibt aktive Psi-Handlungen wie Telekinese. (Der Ausdruck Psi-Epsilon wird im Zusammenhang mit Materialisationen verwendet.) Interessant auch der Begriff Psi-Trailing, weil er auf ein wirklich untersuchenswertes Phänomen verweist: Trail ist die Fährte, und Psi-Trailing beschäftigt sich mit der oft erstaunlichen Fähigkeit von Tieren, auch über weite Entfernungen aus unbekannten Gegenden nach Hause zu finden. In der Praxis wird der Begriff Psi jedoch weiterhin ganz allgemein für parapsychologische Phänomene verwendet.

Psychedelisch

Darin stecken die griechischen Worte für »Seele« und »enthüllen«. Psychedelische Wirkung kann durch Rauschgifte, aber auch schon durch Musik ausgelöst werden: Der Mensch versetzt sich damit in Trance, in einen Zustand erhöhter Empfindlichkeit, erzeugt ein trügerisches, oft gefährliches Glücksgefühl, er enthüllt seine Seele. Hände weg!

Psychokinese

Wird auch Telekinese genannt. Für Physiker ist Kinetik die Lehre von der Bewegung, ausgelöst durch meßbare Kräfte. Psychokinetik untersucht ebenfalls Bewegungen – verursacht durch geistige, vorläufig unerklärliche Kräfte. Sie werden jedoch bereits seit Jahrzehnten erforscht, besonders in Amerika und der früheren Sowjetunion. Nach Experimenten ist man z. B. überzeugt, daß durch den menschlichen Willen das Fallen eines Würfels beeinflußt werden kann. Das überprüfte in Amerika der Biologe Joseph B. Rhine. Er kam nach den Würfeltests zu dem Schluß: »Psi-Effekte sind unter Laborbedingungen statistisch-experimentell nachweisbar.« In unserer Zeit erregte Uri Geller durch psycho- oder telekinetische Demonstrationen – das Verbiegen von Gabeln durch geistige Kraft – ungeheures Aufsehen. Bei einem Besuch der Autorin löschte Uri Geller angeblich durch Gedankenkonzentration elektronisch gespeicherte Computerdaten – ohne das Gerät zu berühren. Er fuhr mit der Hand über Disketten – ihr Inhalt war nicht mehr zu retten.

Buchtip
Milan Ryzl: »Psi-Experimente, die gelingen«, Ariston-Verlag, Genf

Pyramiden

Sie sind Wunderwerke der Baukunst. Pyramiden gibt es nicht nur Ägypten, sondern auch in Asien und in Südamerika: Sie waren dort nicht nur Grabstätten, sondern Tempel, heilige Orte, Symbole der Welt, Quellen auch geheimnisvoller Kräfte. Aus den Abmessungen der Pyramiden versucht man Formeln, verschlüsselte Botschaften über magisches Wissen herauszulesen. Sogenannte Pyramidologen lesen zum Beispiel aus den Daten, die sie bei der Erforschung der Bauwerke ermittelten, folgende Prophezeiung heraus: »Eine neue menschliche Gesellschaft mit rein spiritueller Bindung wird entstanden sein . . . Vulkanausbrüche, elektrische Stürme und andere Naturkatastrophen werden zum Alltag gehören . . . (Aus: Max Toth: »Das Geheimnis der Pyramid Power«, Goldmann-Verlag, München)

Pythia

Die Seherin von Delphi im alten Griechenland. Sie saß über einer Erdspalte, aus der Gase aufstiegen, die sie in Trance versetzten. Was die Seherin – es scheint mehrere gegeben zu haben – verkündete, wurde von Priestern in Verse übertragen und als Orakel von Delphi verkündet.

Qi gong

(andere Schreibweise: Chi'i-kung) »Chi'i wörtlich: Luft, Dampf, Hauch, Äther, Energie, auch Temperament, Kraft, Atmosphäre; zentraler Begriff des Taoismus und der chinesischen Medizin«, sagt uns das »Lexikon der östlichen Weisheitslehren«. Qi gong schließlich sind Übungen zur Entspannung, zur Selbstfindung. Qi, also die Lebensenergie, wird bewußt eingesetzt, um die Kräfte im Körper auszubalancieren – als Weg zur Kraft und Gesundheit.

siehe auch **Tai Chi Chuan,** das sogenannte chinesische Schattenboxen

So kann man seine Kräfte wecken (links). Mit dieser chinesischen Methode kann jeder Entspannung und Selbstfindung üben (rechts). Qi gong ist ein Weg zu Kraft und Gesundheit.

Buchtips

»Lexikon der östlichen Weisheitslehren«, O. W. Barth-Verlag, München

Monnica Hackl: »Qi Gong für jeden Tag«, Herbig-Verlag, München

Radiästhesie

Ein verhältnismäßig junges Wort für ein uraltes Phänomen: Strahlenwahrnehmung oder Strahlenfühligkeit. Der Begriff wurde von einem katholischen Geistlichen, dem Abbé M. L. Bouly, 1930 in die wissenschaftliche Literatur eingeführt. Hier geht es um die Erforschung des Rutengehens, also der Wirksamkeit der Wünschelrute und des Pendels. Der Mensch wird zum Meßinstrument für Kraftfelder und Strahlungen. Wobei unterstellt werden muß, daß es z. B. Erdstrahlen und andere unbekannte Kraftfelder gibt, die von dafür begabten Menschen wahrgenommen werden können.

siehe auch **Erdstrahlen, Geomantie, Pendel**

Adressen

Fachschaft Deutscher Rutengänger in der Deutschen Gesellschaft für Geobiologie e. V., Radiästhesistische Ortungen, c/o Willi Schrobitz, Geobiologe, Waldstr. 19, 57629 Lochum, Tel. (0 26 66) 6 65

Genossenschaft RGS, Im Hauptbahnhof Büro 218, Postfach 2225, Ch-9001 St. Gallen, Tel. (0 71) 22 66 21

Rajneeshismus

In Zeitungsartikeln ist noch immer von Jüngern Bhagwans die Rede, obwohl dieser selbst den Titel Bhagwan abgelegt und seine Bewegung längst einen neuen Namen hat: Osho. Gründer war einst der ehemalige Dozent für Philosophie, Shree Rajneesh, ein Inder. »Der weltbekannteste, umstrittenste, heißgeliebteste Guru der achtziger Jahre« (AZ München). Die Lehren des Bhagwan – dazu gehörte anfangs freier Sex – lockten Zehntausende erst nach Poona in Indien, später zum neuen Sitz des Gurus nach Oregon in Amerika. 1979 nahm er den japanischen Namen Osho (der Gesegnete, auf den der Himmel Blumen regnet) an. Kriminelle Zwischenfälle brachten Bhagwans engeren Kreis zeitweise in Verruf. Nach seinem Tod im Jahre 1990 löste sich die Bewegung keineswegs auf. Das Hauptquartier ist weiterhin in Poona. Osho-Zentren aber gibt es in aller Welt. Sie betreiben und lehren esoterische Praktiken, von der Meditation bis zum tibetischen Augenlesen. Grundlage der Lehre: eine stufenweise Entwicklung des individuellen Bewußtseins durch Meditation. Motto: Leben, Lieben, Lachen.

Adressen:
Osho Tao Zentrum für spirituelle Therapie und Meditation, Klenzstr. 41, 80469 München, Tel. (089) 2024090
Osho Mingus Meditationszentrum, Asylstr. 11, CH-8032 Zürich, Tel. (01) 2522012
Osho Meditations Center, Minorgasse 63, A-1140 Wien, Tel. (0222) 949879

Rastas

Rastafarianer, Rastafaris, Rastas. Der Name der Bewegung geht auf Ras (Fürst) Tafari Makonnen zurück. So hieß Kaiser Haile Selassie von Äthiopien vor seiner Krönung. Er wird von den Rastas als Messias verehrt. Ihr Glaube basiert auf der Bibel, wobei die Rastas davon ausgehen, daß auch Adam und Jesus dunkelhäutig waren. Die Bewegung entstand in den dreißiger Jahren in Jamaika. Ziel: die Unterdrückung der Schwarzen zu beenden. Von Jamaika aus brachten Rastas ihren Glauben auch auf andere westindische Inseln und nach Amerika. Sie beeinflußten spürbar Reggae, die Volksmusik Jamaikas – und die Musik machte wiederum die Rastas weltbekannt. Äußeres Kennzeichen der Männer: gedrehte Locken, wilder Bartwuchs.

Rebirthing

In diesem englischen Begriff steckt das Wort wiedergeboren. Damit ist aber nicht die Wiedergeburt in ein neues Leben gemeint, sondern das Wiedererleben der eigenen Geburt. Der Amerikaner Leonard Orr setzte dazu seine Patienten zuerst in warmes Badewasser. Dann entwickelte er Atemübungen mit dem Ziel, früheste Erinnerungen zu wecken. Dem Patienten soll so geholfen werden, Urängste, unterbewußte Spannungen zu überwinden. Eine Journalistin, Birgitta Morff, hat Rebirthing unter Leitung einer erfahrenen Lehrerin miterlebt. Zuerst spürte sie starke Spannungen. »Dann löste sich alles auf, der Druck auf Stirn und Nasenbein war auch weg, und ich lag buchstäblich wie frischgeboren da. Ich fühlte eine unbändige Freude und Wonne . . .« Eine Wirkung, die offenbar nicht jeder erzielen kann. Vorsicht vor zu hohen Erwartungen!

siehe auch **Inkarnation**

Buchtips
Jim Nonard/Phil Laut: »Neu geboren werden«, Kösel-Verlag, München
Leonard Orr/Konrad Halbig: »Bewußt atmen«, Goldmann-Verlag, München

Reflexzonentherapie

Der Vergleich mit Akupressur drängt sich auf: Durch den Druck auf bestimmte Körperpunkte werden Reaktionen an ganz anderen Körperteilen ausgelöst. Die Reflexzonentherapie geht davon aus, daß Hände und Füße der Zugang zum ganzen Menschen sind: Wege, die benutzt werden können zum Abbau von Streß, von Spannungen, von vielfältigen Störungen. In der Praxis überprüft der Therapeut/die Therapeutin die Druckpunkte am Fuß. Wenn sich Störungen etwa durch Schmerzen bemerkbar machen, wird dieser eine Körperpunkt gezielt und verstärkt aktiviert, stimuliert, massiert.

siehe auch **Akupunktur**

Buchtips
Thomas Kaltenbrunner: »Reflexzonenmassage«, Mosaik-Verlag, München
Hanne Marquardt: »Reflexzonenarbeit am Fuß«, Haug-Verlag, Heidelberg
Kevin u. Barbara Kunz: »Durch die Füße heilen«, Ehrenwirth-Verlag, München

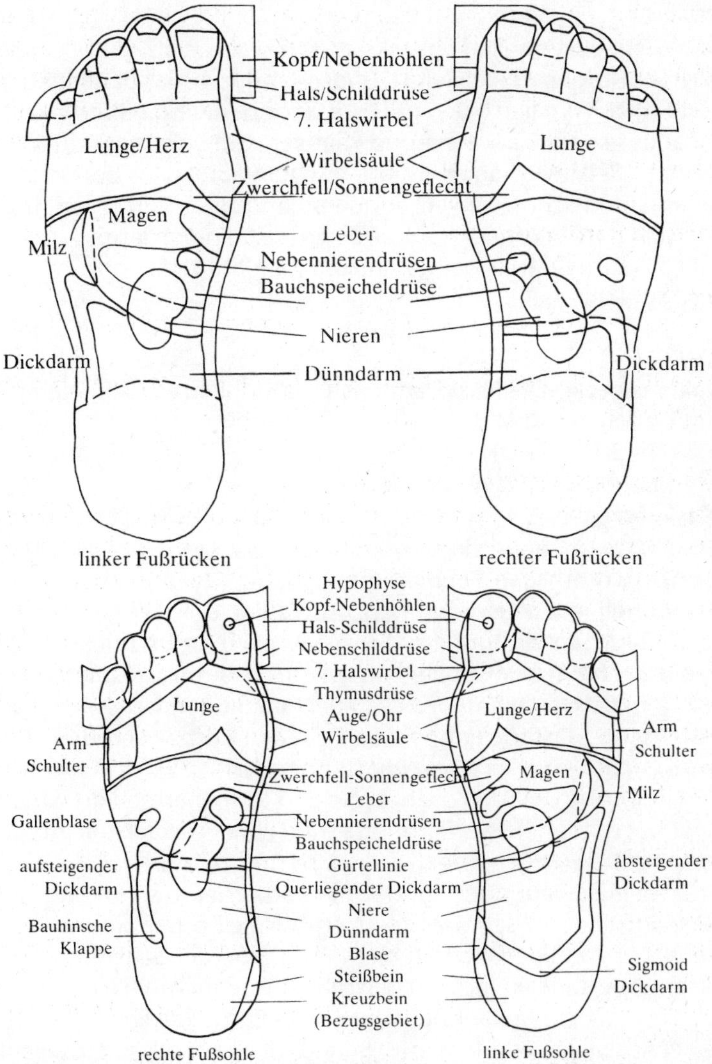

Die Fußsohle verrät vieles über die Gesundheit. Ein Therapeut kann Störungen sofort entdecken.

Reiki

Japanisch: universelle Lebenskraft. In Kursen wird geübt, sie im eigenen Körper zu aktivieren, und zwar durch Handauflegen an bestimmten Stellen. Der nächste Schritt: Energieübertragung auf andere – auch auf Tiere und Pflanzen, um Störungen zu überwinden. Reiki wird auch als japanische Neureligion bezeichnet. Sie entstand schon im vergangenen Jahrhundert in Japan, breitete sich stark in Amerika aus und wird seit einigen Jahren auch in Europa (zum Beispiel beim Zentrum für Naturheilkunde in München) gelehrt.

Buchtips

Walter Lubeck: »Das Reiki-Handbuch«, Windpferd-Verlag, Aitrang

Brigitte Müller/Horst H. Günther: »Reiki – Heile dich selbst«, Peter Erd-Verlag, München

Rolfing

Eine Methode, entwickelt von der Amerikanerin Ida Rolf. Sie erkannte: Körperliche Fehlhaltungen haben auch seelische und gesundheitliche Auswirkungen. Auch der umgekehrte Schluß gilt: Seelische Belastungen, die den Menschen bedrücken – die sind manchmal auch an der körperlichen Haltung abzulesen. Ida Rolf entwickelte eine spezielle, tiefwirkende Arbeitsweise, die entfernt an Massage erinnert und die den Körper und damit die Seele wieder ins Gleichgewicht bringen soll.

Beim Rolfing werden die unterschiedlichen Formen des Bindegewebes mit sehr feiner Berührung und zum Teil auch mit intensivem Druck durchgearbeitet. Zugleich erfolgt eine neuartige Schulung der Bewegungen und des Körpergefühls. Rolfing will Verspannungen lösen, Gelenke formen, die Körperhaltung korrigieren – so daß der Mensch nicht mehr von der Schwerkraft zusammengestaucht wird. Das hilft manchmal auch in schweren Fällen. Der Münchner Steinbildhauer Peter Lutterkord litt – als Folge seiner Arbeit – an Problemen im Bereich der Bandscheiben mit entsprechend großen Schmerzen. Nun steuert er mit Rolfing dagegen an und findet: »Die letzte Alternative vor einer Operation.«

Rolfing in der Praxis

Steinbildhauerei ist Schwerarbeit. Dazu gehört der Umgang mit dem Hammer, mit dem Preßluftbohrer. Die Folgen für den Steinbildhauer Peter Lutterkord: »Schwere Bandscheibenprobleme mit entsprechenden Schmerzen verbunden, auch andere Gelenkprobleme.«

Eine Operation drohte. Sie wurde vermieden. Lutterkord fand nach einer orthopädischen Voruntersuchung Hilfe mit Rolfing in München.

Nach der Biochemikerin Dr. Ida Rolf – der Begründerin der Methode – wurde auch ein staatlich anerkanntes Institut im US-Staat Colorado benannt, das mittlerweile auch eine Ausbildungsstätte in München unterhält. Der Münchner Rolfer Peter Schwind überschrieb sein Buch über Rolfing mit »Alles im Lot«. Der Titel sagt genau, worauf die Behandlung abzielt: Rolfing ist kein Heilverfahren, aber es kann Verspannungen lösen, Gelenke zurechtrücken, die Körperhaltung korrigieren – so daß die Schwerkraft eine mühelose aufrechte Haltung ermöglicht und wir nicht »buckeln« müssen. »Eine sanfte und intensive Bildhauerarbeit mit dem menschlichen Körper«, sagt Schwind. Das »Rolfen« soll die Statik des Körpers verändern, die natürliche Haltung wiederherstellen. Und das geschieht mit gezielten Griffen. Nicht so sehr um die Muskulatur durchzukneten, sondern um die Hüllen der Muskulatur, das Bindegewebe, wieder elastisch zu machen. Ist körperlich alles im Lot, treten Beschwerden seltener auf oder verschwinden ganz. Die Atmung wird verbessert, Vitalität kehrt zurück, Abnutzungserscheinungen sind plötzlich weniger spürbar. Umgekehrt: Bleiben Fehlhaltungen, so werden sie auf die Dauer durch die Schwerkraft noch verstärkt, die den Körper weiter beugt, verformt, verspannt.

Steinbildhauer Peter Lutterkord geht einmal im Jahr zum Nach-»Rolfen«, wenn sich die Folgen harter Arbeit wieder bemerkbar machen. Bisher konnte er immer Hilfe finden. Preis: jede Sitzung – ein- bis eineinhalb Stunden – 120–180 Mark. Die Grundbehandlung ist eine Serie von zehn Sitzungen.

Adressen ausgebildeter Rolfer

European Rolfing Association e. V., Ohmstr. 9, 80802 München, Tel. (089) 396802

Marlene Sonderegger, Schurgistr. 60, CH-8051 Zürich, Tel. (01) 3229455
Gerhard Hesse, Silbergasse 23, A-1190 Wien, Tel. (0222) 3181328

Buchtips
Ida P. Rolf: »Rolfing im Überblick«, Junfermannsche Verlagsbuchhandlung, Paderborn
–: »Rolfing – Strukturelle Integration, Wandel und Gleichgewicht der Körperstruktur«, Hugendubel-Verlag, München
Peter Schwind: »Rolfing – ›Alles im Lot‹ – Der Weg zu körperlichem und seelischem Gleichgewicht«, Goldmann-Verlag, München

Runen

Das sind Schriftzeichen germanischer Völker. Aber sie waren nicht nur ein Hilfsmittel für Mitteilungen. Im Mittelhochdeutschen hieß Rune auch Geheimnis, geheime Beratung, Geflüster. Woraus bei uns das Wort raunen wurde. Die ursprüngliche Bedeutung zeigt auch die Verwendung: Runen waren Symbole, Geheimzeichen, magische Werkzeuge für vielfältige Methoden der Prophezeiungen. So wurden Runen auf Holzstäbchen geschrieben, ausgeschüttet und wieder aufgenommen: Aus der neuen Reihenfolge ergaben sich Orakelsprüche. Das Runenlesen ist heute wieder modern geworden. Es gibt spielkartenartige Sammlungen, auf jedem Blatt Symbole und Runen, die meist nach strengen Regeln ausgelegt und ausgedeutet werden. Der einfachste Weg: ein Zufallsorakel. Aus dem Paket mit Runenkarten wird eine einzelne gezogen und dient als Grundlage für prophetische Aussagen. Die Rune »I« zum Beispiel soll einen Verlust von »Wärme zwischen Partnern, Distanzierung und vielleicht Trennung« anzeigen, sagt Nigel Pennick in dem Buch »Das Runen-Orakel«.

Buchtips
Ralph Blum: »Runen« (mit 25 Runen aus Stein), Hugendubel-Verlag, München
Edred Thorsson: »Runenkunde«, Urania-Verlag, Neuhausen

Satan, Satanskult

Für die katholische Kirche ist der Teufel ein gefallener Engel. »Sein Tun bringt schlimme geistige und mittelbar selbst physische Schäden über jeden Menschen und jede Gesellschaft«, sagt der neue Katechismus. Mittelalterliche Gedanken? Die sechziger Jahre brachten einen neuen Satanskult. Wir zitieren aus einer Untersuchung der Zeitschrift »Der Spiegel«. »Sicher hing es auch mit dem Drogenkult der LSD- und Haschischsucht jener Jahre zusammen, daß der Satan Hochkonjunktur hatte: in der Popmusik wie im Kino.« Eine neue Steigerung erleben nun die neunziger Jahre – mit Satanskult und Schwarzen Messen. Natürlich kann es darüber keine exakten Statistiken geben. Erschreckend, was darüber die angesehene »Süddeutsche Zeitung« zusammentrug: »Schätzungsweise huldigen Satan weltweit etwa zehn Millionen Menschen. In Deutschland gibt es rund zehn satanistische Gruppen und Logen.« Im Mittelalter gehörten zum Satanskult nach der Legende sogar Menschenopfer.

siehe auch **Exorzismus, Hölle**

Schamane

Der Begriff kommt aus Nordasien zu uns: Offensichtlich beschreibt er Medizinmänner, wie wir sie auch aus Südamerika kennen. Sogar auf prähistorischen Höhlenzeichnungen Südfrankreichs glaubt man Schamanen, nämlich Menschen in Tiergewändern, zu erkennen. Die Übersetzung des Wortes shaman mit anheizen und verbrennen ist wenig hilfreich – so beschränkt sich der Duden auf die Erläuterung: »Zauberpriester bei asiatischen Naturvölkern.« Schamane zu werden – dies erforderte Askese und Ekstase, eine harte Lehrzeit, die durch scheinbare geistige Verwirrung zur Einsicht führte. Aus Schamane ist Schamanismus geworden, gerade jetzt im Zeitalter von New Age wieder hochaktuell. Der Münchner Wissenschaftler Andreas Lommel, einst Direktor des Völkerkundemuseums, fand folgende Definition: »Schamanismus ist also nicht, wie vielfach angenommen, eine Religion, sondern eine psychische Technik, die theoretisch im Rahmen jeder Religion auftreten könnte.« Das Ziel dieser Technik: Durch Ekstase oder Trance – so, wie es einst die Schamanen erlebten – Verbindung mit dem Jenseits oder anderen seelischen Welten aufzunehmen: nicht nur als Selbsterfahrung, sondern als Hilfe für andere.

Buchtips
Kenneth Meadows: »Das Netz der Kraft«, Hugendubel-Verlag, München
Jose u. Lena Stevens: »Zur Quelle der Kraft«, Bauer-Verlag, Freiburg

Schutzgeist

Schlimm, wenn es den Glauben an Schutzgeister und Engel nicht gäbe! Schon die Religionen lange vor dem Christentum, in Tibet wie in Persien, kannten sie – als Notwehr gegen die bösen Geister und Dämonen rundherum. Der Schutzgeist oder der Schutzengel überwachten das Leben des einzelnen. Engel bedeutet wörtlich Bote – ausgesandt von Gott, ein Mittler zwischen Mensch und höherem Wesen. Im Kalender der katholischen Gedenktage ist sogar ein eigenes Schutzengel-Fest eingetragen: am 2. Oktober. Auch Rudolf Steiner, der Begründer der Anthroposophie, spricht von Engelwesen. Die Mormonen andererseits glauben, daß der Engel Moroni die Urschrift ihres geistigen Grundgesetzes, des Buches »Mormon«, an sie überbracht habe. Auch Spiritisten vertrauen auf einen Schutzgeist, der durch ein Medium mit ihnen Verbindung aufnehme.

siehe auch **Engel**

Séance

Französisch: Sitzung. Gemeint sind in der Regel jene spiritistischen Zusammenkünfte, bei denen versucht wird, mit einem Verstorbenen oder einem Wesen einer anderen Sphäre Kontakt aufzunehmen. Für Séancen gibt es keine allgemeingültigen Regeln. Sie werden von Fall zu Fall festgesetzt und bestimmen z. B. die Teilnehmerzahl der Sitzung.

Sechster Sinn

Wie viele Sinne hat der Mensch? In der Umgangssprache werden fünf aufgezählt: Sehen, Hören, Riechen, Schmecken, Fühlen. In Wirklichkeit gibt es noch einige mehr. Zum Beispiel den Zeit-Sinn. Im Alltag aber bleiben wir dabei: Der sechste Sinn ist reserviert fürs Übersinnliche, für das, was wir mit den übrigen Sinnen nicht erfassen können. Der sechste Sinn erklärt Vorahnungen.

Seele

Psyche ist das griechische Wort für Seele, Psychiatrie befaßt sich mit seelischen Störungen. Für den Philosophen David Hume ist Seele nur ein »Bündel von Bewußtseinsinhalten«. Das aber ist nur die biologische Seite des umfassenden Begriffs Seele, der Religionen bestimmt, Voraussetzung für den Glauben an die Wiedergeburt ist, der viele Phänomene der Esoterik erklären könnte. Seele ist zunächst der nicht greifbare, unsichtbare Teil des Menschen: Sitz des Lebens, Sphäre, in der sich Unmeßbares entwikkelt: Liebe, Haß, Hoffnung, Treue lassen sich nicht im Körper lokalisieren. Daraus wird eine für das Lebensbewußtsein der Menschen entscheidende Frage: Sind Seele und Körper eins, ist der Körper nur eine Ausdrucksform der Seele, oder lassen sich die beiden trennen? Stirbt die Seele mit dem Körper, oder geht sie auf Wanderschaft? Steigt sie auf in ein Jenseits oder kann sie in einem anderen Körper weiterleben, also wiedergeboren werden? All das wird geglaubt und erhofft.

Shiatsu

Shi heißt im Japanischen Finger, und atsu ist der Druck: Gemeint ist damit eine sanfte Druckpunkt-Therapie mit den Fingerspitzen, ähnlich der Akupressur. Den Unterschied erklärte uns das Europäische Shiatsu-Institut in München so: Akupressur spricht gezielt einzelne Krankheitssymptome an. Shiatsu aktiviert die Selbstheilungskräfte des ganzen Menschen, wirkt anregend oder dämpfend, jedenfalls harmonisierend auf den Energiehaushalt ein. Der Name Shiatsu entstand in den zwanziger

Jahren, wurde in Japan zu einer staatlich anerkannten Therapie. Er greift dabei auf traditionelle Heilmethoden zurück.

Adressen
Europäisches Shiatsu-Institut, Klaus Metzner, Marktstr. 8, 80802 München, Tel. (089) 348673
Gesellschaft für Shiatsu in Deutschland, Wiedingharder Neuer Koog 14, 25924 Klanxbüll, Tel. (04668) 1266
Europäisches Shiatsu-Institut Schweiz, Austr. 49, CH-8045 Zürich, Tel. (01) 4510947
Europäisches Shiatsu-Institut Österreich, Roberto Preinreich, Kaunitzgasse 16/10, A-1060 Wien, Tel. (0222) 870839

Buchtips
Klaus Metzner: »Shiatsu, Heilsame Berührung«, Gräfe und Unzer-Verlag, München
Ohashi: »Shiatsu«, Bauer-Verlag, Freiburg
Wilfried Rappenecker: »Yu Sen, Der sprudelnde Quell«, Goldmann-Verlag, München

Somnambul

Somnus (lateinisch) ist der Schlaf, ambulare kann mit umhergehen übersetzt werden: Schlafwandeln. Sogar der große Philosoph Arthur Schopenhauer hat sich damit befaßt. Von ihm stammt folgende lebendige Beschreibung: »Daß die von dieser Sucht Befallenen fest schlafen und daß sie mit den Augen schlechterdings nichts sehen können, ist völlig gewiß: dennoch nehmen sie in ihrer nächsten Umgebung alles wahr, vermeiden jedes Hinderniß, gehn weite Wege . . . Das Gehirn scheint dabei im Zustand des allertiefsten Schlafs, also gänzlicher Unthätigkeit zu sein.« Der Philosoph erkennt, daß der Mensch auch ohne die Sinnesorgane die Umwelt wahrnehmen kann. Der passendste Ausdruck schien ihm: das Zweite Gesicht. Doch da dieses Wort schon von anderen Wissenschaftlern für andere Phänomene benutzt wurde, spricht Schopenhauer lieber von einem »Traumorgan«. So kommt er zum Schluß: »Vom Traum ist aber der Somnambulismus offenbar nur dem Grade nach verschieden: auch seine Wahrnehmungen geschehn durch das Traumorgan; er ist ein unmittelbares Wahrträumen.« Dieses Traumorgan verursache auch sonst Visionen aller Art. Schon Schopenhauer war bekannt, daß somnambule Zustände auch durch Magnetismus, also Hypnose, erzeugt werden können. Warnung: Wiederholen sich Fälle von Schlafwandeln, sollte unbedingt der Arzt befragt werden. Somnambulismus kann durch Krankheiten ausgelöst werden.

Spiritismus

Spiritus (lateinisch) ist der Lebensgeist, der Atem. Daraus entstanden viele Abwandlungen – bis zu Spirituosen: der Geist des Weines. Eindeutig und sehr eng auszulegen ist die Bedeutung von Spiritismus: Darunter »sind die Versuche zu verstehen, mit den Toten in Kontakt zu treten«, sagt der verstorbene Erforscher außersinnlicher Phänomene, Friedrich-Wilhelm Haack. Und er fügt hinzu: »Der Spiritismus ist eine echte religiöse Bewegung.« Sie wurde bereits 1848 in Nordamerika sehr populär, als zwei Mädchen unerklärbare Klopfzeichen hörten – worauf sich ein Frage-und-Antwort-Spiel mit einem verborgenen Wesen ergeben haben soll. Bei spiritistischen Sitzungen wird auf verschiedenen Wegen versucht, mit Verstorbenen Verbindungen aufzunehmen, in der Regel mit Hilfe von Medien, die Botschaften aufschreiben, aussprechen, durch Zeichen weitergeben, z. B. durch Tischchenrücken. Spiritisten suchen heute nicht nur Verbindung zu Toten, sondern auch Zugang zu anderen Bewußtseinsstufen. Spiritistisches Heilen will Kräfte aus einer außersinnlichen Ebene zur Gesundung einsetzen. Spiritualität ist für Theologen ein bewußtes christliches Leben innerhalb der Kirchengemeinschaft. Neue esoterische Gruppen verstehen darunter – laut »Herders Lexikon der Sekten« – eine Suche nach dem »Sinn und Ziel eines Daseins«, die »zur Religiosität ohne Gott« werden kann.

Spuk

Spökenkieker: damit bezeichnet man im Norddeutschen Geister- oder Gespensterseher. So kam das Wort Spuk ins Hochdeutsche – als Ersatz für Gespenstererscheinungen. Ein handliches, kurzes Wort: Es spukt. Damit gemeint sind physikalisch nicht erklärbare Vorgänge: Tassen oder Teller fliegen durch die Luft, Geräusche ertönen, Bilder fallen von den Wänden, Schritte sind zu hören, elektrische Geräte schalten sich ein. Manches mutet wie Schabernak an – und nicht selten steckt Kinderspaß dahinter. Doch Psi-Professor Bender warnt: »›Spuk‹ ist sicher das umstrittenste Phänomen der okkulten Szene . . .« Doch nimmt er dies sehr ernst: »Spuk zu untersuchen ist nicht nur eine wissenschaftliche, sondern auch ärztliche Aufgabe. Solche außergewöhnlichen Phänomene sind immer Entladungen von Spannungen, sei es der auslösenden Person allein oder in bezug auf die Gruppe, in der sie sich befindet.« Denn viele der beobachteten Spukfälle waren an eine bestimmte Person gebunden, bei der eine Protesthaltung gegen die Umwelt spürbar wurde.

Inzwischen hat man für Spuk einen wissenschaftlichen Begriff gefunden: RSPK-Phänomene. Das ist »Recurrent Spontaneous Psychokinetics«, also wiederkehrende spontane Psychokinese.

siehe auch **Klopfgeist**

Spuk in Hollywood

Gar schauerlich sind die Erinnerungen, die die Schauspielerin Elke Sommer an jene Hollywood-Villa hat, deren Geistererscheinungen »absolute wissenschaftliche Glaubwürdigkeit« zuerkannt wurde, und zwar von der Southern California Society for Psychical Research, die dort drei Jahre lang Untersuchungen durchführte.

Siebzehn Medien gingen in dem Haus aus und ein, und jedes davon konnte einen Kontakt zu mindestens einem Geist herstellen. Sie sahen die Geister, die Elke Sommer und ihr Mann mit den von Goethe beschriebenen »Fühlfäden unserer Seele, die über ihre körperlichen Grenzen hinausreichen können«, nur spürten: »Gestalten von Toten«, so der Geisterforscher Wilhelm Avenarius, »die wie im Leben aussehen, doch meist farblos, grau, plötzlich verschwindend. Menschen, welche diese Erscheinungen optisch nicht wahrnehmen, bemerken sie durch eine Beengung in der Herzgegend.«

»Ich bin ein sehr guter Schütze«, sagt Joe Hyams, »und hätte ich irgend etwas gesehen, wäre mir das eine Kugel wert gewesen. Doch ich spürte die meiste Zeit einfach nur Unbehagen. Der von den Medien als ›spiritistisches Feuer‹ bezeichnete Brand im Speisezimmer veranlaßte Elke und mich schließlich zum Auszug, nachdem wir in dem Haus schon all die anderen gespenstischen Laute und Vorkommnisse erlebt hatten, wie plötzlich verriegelte Türen und sich von selbst öffnende Fenster.«

Ebenso erging es der Schauspielerin Susan Strasberg, der ein Geist beim Schlafen immer wieder die Decke wegzog und einmal sogar einen Schubs gab, als sie am offenen Fenster ihrer New Yorker Dachwohnung stand.

Stigma

Das ist ein Wund- oder Brandmal, auch ein bleibendes Merkmal. Stigma hieß auch das Kennzeichen römischer Sklaven. Die religiöse Form: Treten bei Gläubigen ohne äußere Einwirkung die gleichen Wundmale auf, die Christus am Kreuz erlitt, spricht man von Stigmatisierung.

Die bekannteste deutsche Stigmatisierte war Therese Neumann von Konnersreuth. Von 1926 an brachen die Wundmale Hunderte Male freitags an ihrem Körper auf. Die Kirche steht diesem Phänomen mit großer Skepsis gegenüber. Eine mögliche Erklärung: starke Autosuggestion.

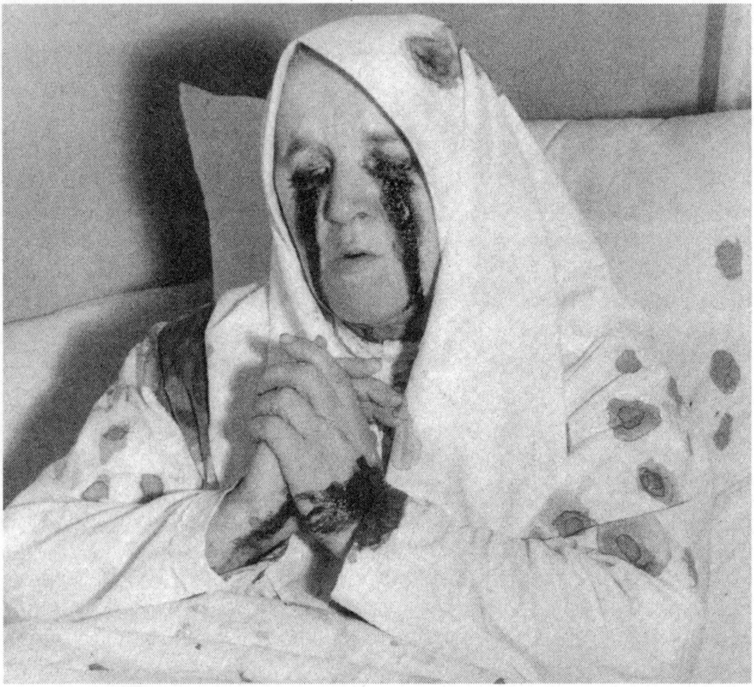

Sie ist die Legende schlechthin, die Therese Neumann von Konnersreuth. Jeden Freitag wieder brachen bei der Stigmatisierten die Wunden blutend auf.

Tai Chi Chuan

Das fällt allen Chinareisenden auf: In den Parks und auf den Straßen sieht man jeden Morgen Männer bei einer ballettartigen Gymnastik, die fast in Zeitlupe, also ganz langsam ausgeführt wird. Tai Chi Chuan (offizielle chinesische Schreibweise: Taijiquan): »Chinesisches Boxen, Art der Körperkultur«, sagt dazu ein

Mit jeder Bewegung zu neuer Kraft, das verspricht die Methode Tai Chi.

Adressen

Taijiquan-Netzwerk, Isestr. 59, 20149 Hamburg, Tel. (040) 4807353

Tai-Chi-Verein Shambala, Franz Redl, Josefstädterstr. 5/13, A-1080 Wien

deutsches Wörterbuch aus Peking. Das »Lexikon der östlichen Weisheitslehre« bietet die genaue Erklärung: T'ai chi ch'uan »besteht aus einer Abfolge weicher, fließender, langsam ausgeführter Bewegungen, die durch das Koordinieren von Bewußtsein

Atem und Bewegung eine Harmonisierung der Kräfte von Yin und Yang bewirken«.

Tatsächlich heißt Chuan – die Schreibweise kann wechseln – nichts anderes als Faust. Das sogenannte Schattenboxen wurde einst in einem buddhistischen Kloster als Gymnastik erfunden, als Ausgleich zum Sitzen in der Hocke. Daraus wurde sogar ein Kampfsport und mehr: Es geht um jene unmeßbare Lebensenergie, die beispielsweise bei der Akupunktur aktiviert wird. Und genau das will auch Schattenboxen: Den Fluß dieser Energie fördern, sie stärken und vertiefen. Dazu werden Übungen gelehrt, die entspannen – Körper wie Geist. Hier geht es nicht um körperliche Kraft, sondern um innere Kräfte.

Buchtips

Chungliang Al Huang: »Tai Ji«, Gräfe und Unzer-Verlag, München
Toyo u. Petra Kobayashi: »Tai Chi Ch'uan«, Hugendubel-Verlag, München

Tantrismus

Das Sanskritwort Tantra bezeichnet ursprünglich einen Webstuhl, ein Zusammenfügen von Fäden. Daraus wurde im Hinduismus ein Geflecht von Lehren und Ritualen, eine Weltanschauung: der Tantrismus. Er sucht mit magischen Mitteln, mit heiligen Formeln (Mantras) und Meditationsbildern (Mandalas) den Zugang zu höchsten Daseinsformen. Eine sehr anschauliche Erklärung bietet das Buch »Tantra« von Francis King: »Obwohl der Tantrismus philosophische, religiöse und mystische Aspekte beinhaltet, ist er dennoch in allererster Linie eine Handlungsanweisung, ein System physischer, mentaler und spiritueller Übungen . . .« Alles Tun sei auf ein Ziel gerichtet: »Und dieses Ziel ist die Verwandlung oder Wiedergeburt der eigenen Persönlichkeit, und zwar auf allen Ebenen des Bewußtseins.« Wer weiterfragt, stößt auch auf die Begriffe links- und rechtshändiger Tantrismus.

King spricht von einer Zeremonie, die zur sexuellen Vereinigung von Mann und Frau führt – sitze die Frau rechts, so komme es nur zum geistigen Vollzug des Rituals. Wird von linkshändig gesprochen, so sind damit Zeremonien mit rituellem Geschlechtsverkehr gemeint. Gerade diese Seite des Tantrismus erregte in den sechziger Jahren das Interesse von Hippies und Beatniks. Sie griffen den Tantrismus auf – in der Hoffnung auch auf eine neue Form freier Sexualität.

Buchtips
Francis King: »Tantra als Selbsterfahrung«, Heyne-Verlag, München
Ashley Thirleby: »Das Tantra der Liebe«, Heyne-Verlag, München
Chögyam Trungpa: »Feuer trinken, Erde atmen«, Rowohlt-Verlag, Hamburg

Tao

Noch einmal müssen wir das chinesische Wörterbuch heranziehen: Dao bedeutet Weg, Grund, Prinzip. Daraus wurde eine Lehre, eine Philosophie. Das Buch der taoistischen Lehren (siehe Laotse) ist das bekannteste Werk der chinesischen Literatur im Westen. Der Taoismus wurde – so »Herders Lexikon der Sekten« – »neben dem Konfuzianismus und dem Buddhismus die dritte große geistige Tradition Chinas«. Der Taoismus sucht die innere Harmonie des Menschen, er lehrte spezielle chinesische Medizin und Meditation, entwickelte komplizierte Rituale. Viele Begriffe, die im vorliegenden Handbuch aufgeführt werden, gehen auf den Taoismus zurück, z. B. die Lehre von der inneren Energie, maßgebend bei Akupunktur und chinesischem Schattenboxen.

siehe auch **Laotse**

Adressen
Osho Tao-Zentrum, München, Klenzestr. 41, 80469 München, Tel. (0 89) 24 01 39–0
Osho Meditation Center, Sw Altmaveda, Ma Dhyan Anamika, Ma Prem Dariya, Minorgasse 63, A-1140 Wien, Tel. (02 22) 94 98 79
Osho Mingus Meditation Center, Sw Anand Dhyano, Asylstr. 11, CH-8032 Zürich, Tel. (01) 252 20 12

Osho Nisargam Meditation Center, Ma Devika Elisabeth, 16, Rue Etienne Dumont, CH-1204 Genève, Tel. (022) 3103558
Osho Meditation Center, Sw Deva Saajid, Sw Arpana Saajid, Militärstr. 53, CH-3014 Bern, Tel. (0333) 400041

Buchtips
Jean Cooper: »Was ist Taoismus«, Scherz-Verlag, München
Osho: »TAO – The Golden Gate«, Vol. I+II
–: »TAO – The Pathless Path«, Vol. I+II
–: »TAO – The Three Treasures«, Vol. I–IV
alle: Osho-Verlag Gmbh, Köln
John Blofeld: »Der Taoismus«, Diederichs-Verlag, München

Tarot

Tarock: ein biederes Kartenspiel? Unter dem Namen Tarot wird es zu einer mystischen Angelegenheit. Umstritten der Ursprung: Von Ägypten ist die Rede, auch von Indien oder dem alten jüdischen Reich. Die ältesten erhaltenen Karten stammen jedenfalls aus den letzten Jahrzehnten des 14. Jahrhunderts. Sicher ist nur, daß Tarot – ein Spiel mit 78 Karten – von Landfahrern einst zum Wahrsagen benutzt wurde. Das Spiel galt fortan als ein Geheimtext, als eine Sammlung von Symbolen, die nur dem Kundigen die Zukunft erschließen. In vielen Fällen scheinen Tarotkarten bei dafür begabten Menschen einen Trancezustand bzw. außersinnliche Wahrnehmungen auszulösen.

Tarot in der Praxis

Jürgen Stößinger, populärer Schauspieler am Baseler Theater, ist tief beeindruckt. »Er hat mir viele Dinge vorausgesagt, die eingetroffen sind« – höchst private Dinge übrigens . . . Der Mann, der für ihn in die Zukunft blickte, tut dies mit Hilfe von übergroßen Spielkarten mit geheimnisvollen alten Figuren.

»Tarot« heißt das Spiel – für viele eine Geheimlehre, eine sehr alte Geheimwissenschaft. Walter Wegmüller, der mit diesen Karten seit seiner Kindheit vertraut ist, will jedoch nicht Hellseher genannt werden. »Das Tarot ist für Wegmüller«, meint Stößinger, und damit trifft er es genau, »ein Spiegelbild des Lebens, der Welt. Wegmüller hat die Gabe, mit Hilfe dieser Karten zu sehen. In dieser Beziehung kann er Menschen helfen. Und das tut er fast täglich. Er ist ein Seelenarzt . . .«

Schnurrbärtig, wildes Haar: So wie er werden auch seine Vorfahren ausgesehen haben, die als fahrendes Volk durch die Welt zogen. Walter Wegmüller ist jedoch Kunstmaler geworden – aber die Vorfahren machen sich in ihm noch in vielerlei Hinsicht bemerkbar. Er wohnt zwar in einem feinen Bürgerhaus in der Stadtmitte von Basel, aber sein Empfangszimmer sieht ein bißchen so aus, wie man sich das Innere eines gemütlichen Zigeunerwagens vorstellt: überall Bilder, geheimnisvolle Zeichen, indische Tücher. Krimskrams. Dahinter steckt Absicht: Er will den Besucher aus dessen Alltagswelt herausholen, in eine andere Wirklichkeit versetzen.

Der zerberstende Turm ist ein Zeichen für den Streit der Menschheit.

Diese Tarotkarte heißt »Die Welt«. Sie symbolisiert die Erde als Urmutter.

Es gibt mittlerweile viele, die diese andere Wirklichkeit erlebten und mit Dankbarkeit an ihn denken. Da ist zum Beispiel ein Schweizer Hotelier, dem Wegmüller einen Autounfall voraussagte. »Am besten, Sie steigen gar nicht mehr in das Fahrzeug ein, wenigstens nicht in den nächsten Wochen.« Der Mann verkaufte verschreckt sein Auto an einen Freund – und der Freund war es dann, der bei der Fahrt zu einer technischen Kontrolle verunglückte. Er kam leicht verletzt davon. Das Auto des Hoteliers aber war schrottreif.

Gerade erst rief eine Frau bei Wegmüller an, die ebenfalls vom Tod zu berichten hatte. Sie hatte sich 1984 von Wegmüller beraten lassen – und alles, was er sagte, sei eingetroffen. Er hatte einen Umzug prophezeit, ja ein neues Leben. Ihr Mann werde sich verabschieden, sie werde bald einen neuen Freund finden. »Alles eingetroffen.« Aber die Frau zögert. Sie hatte aus den Worten Wegmüllers herausgehört, ihr Mann werde sie sitzen lassen. Es kam jedoch ein anderer Abschied: sein Tod.

Mißverständnisse? Was hat er wirklich gesagt? Die Geschichten, die er sieht, brechen so schnell aus ihm heraus, daß man mit dem Mitschreiben zu tun hat. »Da läuft etwas wie ein Film vor mir ab. Ich stecke dann in einer Geschichte, die fließt, ich fühle mich in diesem Augenblick wie ein anderer Mensch in einer anderen Welt . . .«

Wenn man ihn während einer Sitzung beim Reden unterbricht, reißt manchmal auch der Film, wird das Sehen unterbrochen. Meist hat er hinterher sofort wieder vergessen, was aus ihm heraussprudelt. »Ich sag' deshalb den Leuten: Machen Sie Notizen!« Der Kontakt klappt übrigens nicht mit jedem. »Es hat schon Fälle gegeben, daß ich Besuchern ihr Reisegeld zurückgab: Ich konnte einfach nichts mit ihnen anfangen.«

Wie aber macht er es überhaupt, daß die Worte sprudeln, daß Bilder in immer schnellerer Folge entstehen, Szenen, die er dann vorliest?

Das ging ihm schon als Kind so – er wuchs bei Bauern auf und lernte Malen –, daß er das Bedürfnis hatte, loszureden und zu erzählen, welche Bilder ihm angesichts fremder Menschen kamen. In eine feste Bahn gelenkt aber wurden seine Talente vor zwanzig Jahren. Damals entdeckte er Tarot. Und es waren wieder seine Vorfahren, die sich damit bemerkbar machten.

Aus dem Maler war ein Kunstmaler geworden. Er malte geheimnisvolle Gesichter, Figuren und Zeichen – und die entdeckte er wieder im Tarot-Kartenspiel. Hat er sie früher einmal gesehen, hat er die Figuren dieses Kartenspiels einfach nicht vergessen können?

Wenn es unbewußte und vielleicht sogar vererbte Erinnerungen gibt – dann werden sie auch mitspielen. Wegmüllers Vorfahren waren fahrende Leute. Und wenn wir jetzt nachschlagen, zum Beispiel im »Großen Buch der Magie« (Delphin-Verlag), können wir lesen: »Was man vom Tarot mit Sicherheit weiß, ist, daß er nachweislich im mittelalterlichen Frankreich auftauchte, ungefähr um 1390. Und es ist möglich, daß sich die Karten als Teil der Geheimlehre der Zigeuner entwickelten und im Laufe der Völkerwanderungen mit ihnen vor Jahrhunderten nach Westen, nach Europa kamen.«

Tarot hat 78 Karten und mehr Symbole als gewohnt: Ein Spiel also, das so blieb, wie es einst im Mittelalter war . . . Immer benutzten es die Zigeuner zum Wahrsagen – und Wegmüller fand heraus, daß es in seiner Familie nicht anders war. Nun malte sich Wegmüller nach den Bildern aus seinem Unterbewußtsein eigene Spielkarten mit östlichen Gesichtern und Symbolen, die aus der Kreuzfahrerzeit stammen: Fürsten und Weise aus dem Morgenland. Der zerberstende Turm, den man zum Beispiel sieht – ist das der von Babylon? Seine Tarotkarten sind auch gedruckt worden, kamen in den Handel, er veranstaltet sogar Kurse über ihre Bedeutung.

Walter Wegmüller, Zigeuner und Kunstmaler, kennt die magische Kraft der Tarotkarten. Er entwirft die Motive selbst aus dem Unterbewußtsein.

Sein Besucher muß die Karten mischen. Wegmüller legt sie aus. Das könnte auch eine Konzentrationsübung sein, die das Unterbewußtsein aufschließt, meinen Fachleute. Versinkt er in Trance? Dafür spricht, daß er schnell redet. Immer schneller, nach dem Aufwachen kaum mehr weiß, worum es ging . . . Sieht er nicht in die Zukunft – sagt er nur, was er in einem hochempfindlichen Trancezustand fühlt? Ist er nur eine Antenne, die auffängt, was der andere aussendet? Alles denkbare Erklärungen – nur erklären sie nicht einen Fall wie diesen:

Eine krebskranke Frau, die angeblich schon aufgegeben war, bat um seinen Besuch. Er wollte nicht, wurde aber zu einem Versuch überredet. Er sandte ihr Karten ins Krankenhaus, ließ ihr ausrichten, wie sie beim Mischen vorgehen sollte. Sie tat, was er sagte. Als er dann die Karten wieder in die Hände nahm, auslegte, spürte er etwas Merkwürdiges. Nein, da war nichts von Tod. Er sah sie wieder auf der Straße stehen, außerhalb des Krankenhauses. Und er sah sie verreisen – in den Süden.

Wochen später konnten Hausbewohner mithören, wie Wegmüller mit einer Frau auf der Treppe sprach. Sie nahm plötzlich ihre Perücke ab. Es war die Frau aus dem Krankenhaus. Durch starke Bestrahlungen hatte sie die Haare verloren. Aber plötzlich war sie genesen. »Und jetzt«, sagte sie, »fahre ich erst einmal zur Erholung nach Spanien.«

Buchtips

Hajo Banzhaf: »Das Arbeitsbuch zum Tarot«, Hugendubel-Verlag, München
–: »Das Tarot-Handbuch«, Hugendubel-Verlag, München
Rachel Pollack: »Tarot«, Droemer Knaur-Verlag, München

Theosophie

Gott (theos) und Weisheit (sophia) – diese griechischen Wörter stecken in Theosophie. Das war einst eine Richtung in der christlichen Glaubensforschung, die ihren Weg zur Weisheit durch Gott suchte. Im vergangenen Jahrhundert entstanden jedoch theosophische Gesellschaften, die mit der herkömmlichen Theologie wenig zu tun haben. Sie betrachten Theosophie als Grundlage aller Religionen, als eine uralte Geheimlehre, die auf okkulten Traditionen aufbaut und nach ihrer Satzung eine universale Brüderschaft bilden will. Rudolf Steiner war lange Generalsekretär der Theosophischen Gesellschaft, bevor er die Anthroposophie ins Leben rief. Die Begründer der heutigen Theosophie errichteten ihren Hauptsitz 1882 in der indischen Stadt Adyar bei Madras. Theosophie stehe, so heißt es in der Gesellschaft, der reinen buddhistischen Philosophie sehr nahe. Die New-Age-Bewegung nahm vieles auf, was von Theosophen gelehrt wurde.

Tischrücken

Bei einer Séance legen die Teilnehmer ihre Hände auf ein Tischchen, das unversehens in Bewegung gerät. Durch Klopfzeichen oder auch Schriftzüge – die ein am Tischchen (Planchette) angebrachter Stift aufs Papier zeichnet – werden Botschaften aus anderen Sphären übermittelt. Das jedenfalls glauben viele. Wissenschaftler halten es für denkbar, daß unbewußte Bewegungen das sogenannte Tischchenrücken auslösen: Auch dies sei wiederum eine Übertragungsmethode für Mitteilungen aus dem Unterbewußtsein oder für außersinnliche Wahrnehmungen.

siehe auch **Planchette, Automatisches Schreiben**

Trager

Eine sanfte Bewegungstherapie nach Dr. Milton Trager, Sportler, Tänzer und dann Arzt in den USA. Ein zentraler Begriff ist für Trager »Hook-up«. Das heißt soviel wie anschließen, zusammenfügen. »Wir sind von einer Kraft umgeben, die Leben spendet, Leben reguliert«, sagt Trager. Hook-up bedeutet, diese Kraft aufzunehmen, in sich einfließen zu lassen. Und das geschieht bei der Behandlung mit äußerst sanften, rhythmischen Bewegungen. Eine Patientin nach der Behandlung in einer Münchner Trager-Praxis: »Aller Streß fällt ab. Eine totale Erneuerung.« Nach oder neben der Behandlung auf dem Massagetisch gibt es die Mentastik: mentale Gymnastik, Bewegungsübungen zur Fortsetzung der Therapie. Dazu Trager: »Das Instrument in der Mentastik ist der Körper, der Geist der Dirigent.«

Trager in der Praxis

»Ich hatte Probleme, mich aufrecht zu bewegen.« Das erzählt der heute 59jährige Unternehmensberater Hellmut Waldenfels. Vor wenigen Jahren litt er an so großen Schmerzen im Wirbelsäulenbereich, daß er fast bewegungsunfähig war. Abnützungserscheinungen an der Wirbelsäule, sagten die Ärzte. Aber der Mann gab nicht auf. Er wurde geheilt mit Hilfe einer sanften Bewegungstherapie, die der Amerikaner Milton Trager entwickelt hat, eine Methode, die nun weltweit verbreitet ist. Fachleute, die von ihr sprechen, benützen auch so geheimnisvoll-schwierige Begriffe wie Mentastics. Aber in Wirklichkeit ist alles, was Trager lehrte, sehr einfach . . .

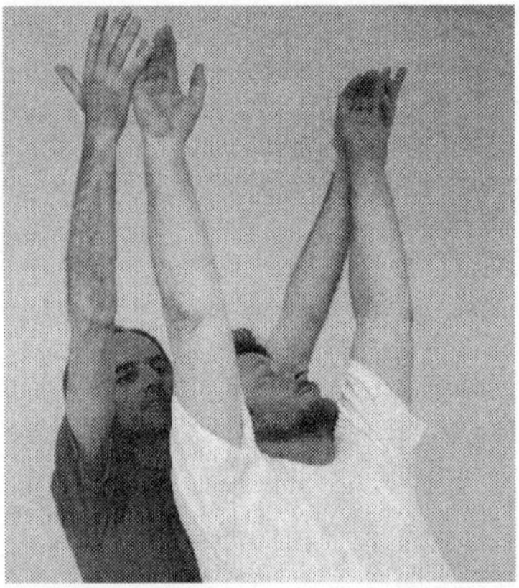

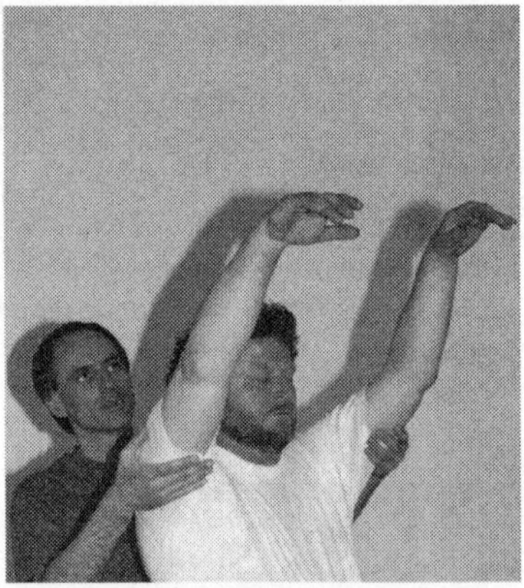

Ludwig Reichel setzt voll auf die sanfte Bewegungstherapie, die der Amerikaner Milton Trager entwickelt hat. Eine Methode, die inzwischen weltweit verbreitet und anerkannt ist. Dabei spürt der Patient selbst, wie sich Blockaden lösen.

Bleiben wir bei Hellmut Waldenfels. Wie geht es ihm heute, nach der Behandlung? Er schwingt sich für den Fotografen auf sein Herrenfahrrad: »Jetzt kann ich problemlos fahren und gehe gerne zum Skilanglauf.« Nach der Behandlung fühlte er sich wie neugeboren. Wir haben jetzt, im Frühjahr 1994, noch ein zweites Mal nachgefragt: Alles in Ordnung – er fühlt sich weiterhin durch Trager geheilt, erlaubt auch, aus Freude über die Gesundung, seinen Namen zu nennen.

Und wer ist dieser Dr. Trager, der eine offenbar wunderwirkende Heilmethode fand? Trager war in seinen jungen Jahren Sportler, Akrobat, auch Boxer und Tänzer – aus Freude an der Bewegung und an der Körperbeherrschung. Dabei entdeckte er, daß seine Hände mehr konnten als geschickt zupacken. Einmal massierte er beim Sport seinen Trainer, und der spürte sofort: Milton Trager hatte eine ganz besondere Begabung, mit seinen Händen Muskelverspannungen zu lösen, ihnen neue Kraft zu geben. Trager wurde später Physiotherapeut, schließlich Arzt – und aus seinen ersten Erfahrungen bei der Sportmassage wurde ein nun jahrzehntelang erprobtes, immer mehr verfeinertes Behandlungssystem.

Wie sieht das in der Praxis aus? Ein Münchner Bildhauer steht gerade vom Behandlungstisch auf. Wir sind bei dem Körpertherapeuten Ludwig Reichel, 38, der eigentlich Sozialpädagogik studiert hat, aber immer mehr in eine andere Richtung geriet: Er ließ sich als Masseur ausbilden, bevor er dann bei amerikanischen Trainern die Trager-Technik studierte. Die Lizenz, die Reichel dafür erwarb, verpflichtet ihn, sein Können Jahr für Jahr überprüfen zu lassen und sich weiterzubilden.

Bildhauer Hans H., der ihn um Hilfe bat, hat ein Berufsleiden: Muskelverspannungen am Rücken, an der Wirbelsäule. Reichel hat zunächst nur den Kopf des Künstlers bewegt, ihn leicht gedreht, mit ein paar Griffen in eine andere Lage gebracht. Und der Künstler spürte zum ersten Mal genau, wo am Hals und am Rücken die Muskeln zu einem steifen Brett geworden waren. Das ist der Anfang: Der Patient wird sich bewußt, wo seine Spannungen sitzen. Der Trager-Praktiker bewegt dann den Körper des Patienten, läßt die Arme schwingen, berührt die Muskeln nur ganz leicht – alles ohne Druck, ohne Anstrengung. Der Körper wird sanft und rhythmisch bewegt und gedehnt, die Patienten empfinden dies als Wiegen oder Rollen. Die Behandlung wird unterbrochen, wenn auch nur der geringste Schmerz auftritt. Langsam arbeitet sich der Therapeut an jene Körperpartien heran, wo Verspannungen sitzen – und die Patienten spüren, wie sich tiefsitzende Blockaden lösen.

»Aller Streß fällt ab. Eine totale Erneuerung. Ich fühle mich ganz weich und leicht«, sagen andere Patienten und berichten beispielsweise von schwindenden Ischiasschmerzen. Aber mehr noch: Der Schmerz schwindet – und ihre Gelassenheit und innere Ruhe wachsen, berichten sie selbst.

Beim Gespräch darüber fallen auch die Wörter Mentastik oder Mentastics. Ein Wort, das Trager prägte. »Ein neuer Ausdruck, er bedeutet mentale Gymnastik«, sagt Trager selbst. »In der Mentastik lenkt der Geist die Bewegungen, die Gefühle der Leichtigkeit, Freiheit, Offenheit, Anmut und Freude hervorrufen.« Das sind ganz einfach Bewegungsübungen zur Fortsetzung der Therapie, zur Selbstheilung. Die Patienten selbst sollen mitdenken, die Behandlung durch gezielte Übungen ergänzen, durch Bewegungen, die einen Gleichklang zwischen Seele, Geist und Körper auslösen, wie Trager sagt. »Das Instrument in der Mentastik ist der Körper, der Geist der Dirigent.« Er geht auch davon aus, daß die Schäden im Bewegungsapparat sehr oft seelische Ursachen haben. Jedes Erlebnis, jeder Druck wirke sich aus. Verhalten und Haltung hängen eng zusammen.

Und gleich kommt noch ein Fremdwort: Hook-up. Auch das muß man kennen, um Trager zu verstehen. »Wir sind von einer Kraft umgeben, die Leben spendet, Leben reguliert«, sagt der mittlerweile 86jährige Trager, der heute in Kalifornien lebt. »Hook-up bedeutet, diese Kraft aufzunehmen, in sich einfließen zu lassen.«

Und das ist vielleicht das einzige Geheimnis der Trager-Methode: Verbindung mit der Lebensenergie um uns herum – das ist ein altes Prinzip schon asiatischer Heilmethode. Trager verlangt diese Kräfteverbindung, dieses geistige Auftanken von den Menschen, die seine Methode praktizieren. Die Kraft um uns muß über den Praktiker an den Patienten weitergegeben werden, es muß also auch zu einem unbewußten Vertrauenskontakt zwischen beiden kommen: einem Hook-up der inneren Kräfte.

Trager-Praktiker haben Erfolge erlebt nicht nur bei Arthrose, also bei Abnützungserscheinungen. Auch die Folgen der Parkinsonschen Krankheit oder der multiplen Sklerose konnten gelindert werden. »Die meisten Leute kommen mit Rückenbeschwerden, mit den üblichen Krankheitsbildern, mit denen man zum Masseur oder Krankengymnasten geht. Dabei sind viele davon psychosomatische Krankheiten wie Migräne«, erzählt Reichel. Immer hat es Auswirkungen auf die Seele, wenn sich körperliche Verspannungen lösen.

Nein, die deutschen Krankenkassen haben Trager noch nicht entdeckt. Die Gebühren schwanken. 150 Mark kostet heute bei Reichel eine Sitzung mit einem Einführungsgespräch. Es gibt mittlerweile viele, die diesen Betrag gerne zahlen: als Preis für ein neues, leichteres Leben.

Adresse
Andrea Wibbels, Hohenzollernstr. 86, 80796 München, Tel. (089) 305307

Buchtips
Deane Juhan: »Körperarbeit: Die Soma-Psyche-Verbindung«, Droemer Knaur-Verlag, München
Milton Trager: »Meditation und Bewegung«, Sphinx-Verlag, Basel

Trance

Geht zurück auf das lateinische Wort transitus: hinübergehen. Ein anschaulicher Begriff: In Trance fallen – das ist der Übergang in einen anderen Bewußtseinszustand. Das kann durch Hypnose geschehen oder durch Tanz und rhythmische Musik. Im Zustand der Trance werden Medien aufnahmebereit für außersinnliche Wahrnehmungen, zum Beispiel für den Kontakt mit Verstorbenen. Für das »Klinische Wörterbuch« von Pschyrembel dagegen ist Trance nur die Bezeichnung für einen hypnoseähnlichen Zustand.

siehe auch **Hypnose**

Transzendentale Meditation

Eine Meditationstechnik, die von Maharishi Mahesh Yogi aus Indien in den Westen gebracht wurde und hier westliche Formen annahm. Die »Wissenschaft der kreativen Intelligenz« wird von Lehrern der Transzendentalen Meditation zu festen Preisen vermittelt. In der einfachsten Form verhilft sie zur inneren Sammlung und Versenkung: ein Training auch der Gehirnströme. Für gläubige Anhänger wie den Schriftsteller Anthony Norvell wird sie zur »größten Wunderkraft, die der Mensch jemals entdeckt hat«. Die Transzendentale Meditation will auch paranormale Kräfte vermitteln und die ganze Welt zum Positiven verändern.

siehe auch **Meditation**

Träume, Traumdeutung

Unverdaute Tagesreste? Belangloses Hirnkino, wie amerikanische Forscher meinen? Träume sind mehr als das. »Jeder Traum ist sinnvoll«, lehrte der große Seelenforscher Sigmund Freud. »Man darf es wohl aussprechen, daß das psychoanalytische Studium der Träume den ersten Einblick in eine bisher nicht geahnte Tiefenpsychologie eröffnet hat.« Für Freud waren die Träume Botschaften des Unbewußten. Traumdeutung ist jedoch uralt.

Auch ein Zusammenhang mit außersinnlichen Wahrnehmungen ist offenkundig und wird durch viele Beispiele bestätigt. Der Philosoph Schopenhauer spricht hier vom Wahrträumen. Dies hat er selbst erlebt: Einmal verschüttete er Tinte – und es stellte sich heraus, daß eine Magd genau dies im Traum vorhergesehen hatte. Von einem ähnlichen Erlebnis berichtet Psi-Professor Bender. Er hatte eine unangenehme Begegnung mit einem Anhalter, und als er nach Hause zurückkehrte, schilderte ihm eine Mitarbeiterin die Begegnung detailgetreu: Sie hatte das alles geträumt. Schopenhauer folgert aus seinen Beobachtungen: ». . . ist das Hellsehen nur eine Steigerung des Träumens: es ist ein beständiges Wahrträumen.« Auch Vorahnungen in Träumen sind überliefert.

Buchtips

Georg Fink: »Traumdeutung«, Falken-Verlag, Niedernhausen
Klausbernd Vollmar/Johannes Fiebig: »Gelebte Träume sind die besten Träume«, Königsfurth-Verlag, Bredenbek
Klausbernd Vollmar: »Das Arbeitsbuch zur Traumdeutung«, Hugendubel-Verlag, München

UFOs

*U*nbekannte *F*liegende *O*bjekte. Im Volksmund: Fliegende Untertassen. Damit werden zunächst alle Flugkörper bezeichnet, deren Herkunft sich nicht klären läßt – und am Himmel schwirrt einiges, von dem Militärs nicht gern reden. Mit UFOs meint man jedoch weltweit in erster Linie Raumschiffe von fremden Sternen. Immer wieder tauchen Fotos auf, die UFOs zeigen, immer wieder sind Berichte von Menschen zu hören, die kurzzeitig von Wesen aus anderen Welten entführt worden sein wollen. Das hartnäckigste Gerücht: Das amerikanische Verteidigungsministerium habe tote Außerirdische aus einem UFO geborgen und einfrieren lassen. Als Geheimsache.

siehe auch **E. T.**

Buchtips

Nigel Bhundell/Roger Boar: »Die größten UFO-Geheimnisse der Welt«, Droemer Knaur-Verlag, München

Luc Bürgin: »Götterspuren – Der neue Ufo-Report«, Herbig-Verlag, München

Johannes Fiebag: »Die Anderen«, Herbig-Verlag, München

–: »Kontakt – UFO-Entführungen in Deutschland, Österreich und der Schweiz«, Herbig-Verlag, München

Ernst Meckelburg: »Zeitschock-Invasion aus der Zukunft«, Langen Müller-Verlag, München

Ullr

Die Großväter- und Großmüttergeneration trug ihn noch: einen Anhänger namens Ulla oder Uller, als Glücksbringer beim Wintersport. Tatsächlich heißt dieser Talisman Ullr – benannt nach einem nordgermanischen Gott, der sich durch sportliche Leistungen ausgezeichnet haben soll.

siehe auch **Amulett**

Unbewußtes, Unterbewußtsein

Wo das Bewußtsein sich der wissentlichen Einflußnahme und Kontrolle durch den menschlichen Willen entzieht, beginnt das Unterbewußte: Plötzlich fällt uns ein vergessener Name ein, plötzlich steigt beispielsweise das Gefühl in uns auf: »Das hast du doch schon einmal erlebt.« In Träumen und Visionen meldet sich das Unterbewußte zu Wort, dort ist der Bereich für außersinnliche Wahrnehmungen. Der Seelenforscher C. G. Jung unterscheidet das persönliche und das kollektive Unterbewußte. Das persönliche enthält »verlorengegangene Erinnerungen, verdrängte (absichtlich vergessene), peinliche Vorstellungen, sogenannte unterschwellige Wahrnehmungen, welche nicht stark genug waren, um das Bewußtsein zu erreichen, und schließlich Inhalte, die noch nicht bewußtseinsreif sind.« Das kollektive Unterbewußte ist vom Persönlichen gelöst und speichert die Erfahrungen der Menschheit, ihre Urängste, Urtriebe. Man kann die Unterscheidungen noch weiterführen. Wichtig hier ist allein Jungs Erkenntnis, daß in der Tiefe des Unbewußten der verborgene Schatz zu entdecken ist, »aus dem die Menschheit je und je schöpft, aus dem sie ihre Götter und Dämonen emporhob und alle jene stärksten und gewaltigsten Ideen, ohne welche der Mensch aufhört, Mensch zu sein«.

Das Bewußtsein – nicht das Unterbewußte –, also die Wahrnehmung der Dinge, läßt sich betrügen, jedenfalls beeinflussen. Zum Beispiel durch Alkohol, Musik, auch durch Zureden. Dann nehmen wir die Welt anders wahr, als sie ist. Die Wissenschaft spricht hier lediglich von veränderten Bewußtseinszuständen. Gefährlich der Versuch der Bewußtseinserweiterung durch Drogen.

Vampir

Vampire gibt es wirklich: Es handelt sich, so belehrt uns der »Große Brockhaus«, um »eine Familie blutleckender Fledermäuse. Sie verletzen u. a. schlafende Rinder, Pferde und Schweine mit ihren Zähnen.« In Volkssagen wurde der Name auf menschliche Blutsauger übertragen, auf lebende Leichname, die nachts ihrem Grab entsteigen, sich in Lebende verbeißen und so neue Kraft aufsaugen. Vorbild war offenbar der rumänische Fürst Dracul, der im 15. Jahrhundert 100 000 Menschen tötete – offenbar im Blutrausch. Dracula blieb uns dank vieler Filme und Bücher erhalten.

Vision

Erscheinung, Trugbild, Traumgesicht – so übersetzt der Duden den Begriff Vision. Das Wort kommt aus dem Lateinischen: videre heißt sehen. Bei einer Vision werden jedoch Bilder gesehen, die mit den normalen Sinnen nicht wahrgenommen werden können: Bilder, die aus dem Unterbewußtsein aufsteigen. Visionen können Geschehnisse in einer anderen Zeit oder an einem anderen Ort erkennen lassen. Religiöse Visionen schildern zum Beispiel die Begegnung mit Heiligen, mit Engeln, mit der Gottesmutter: Erscheinungen, die meist zugleich Botschaften, Aufträge oder Offenbarungen übermitteln. Gefährlich nahe sind solche Visionen oft auch krankheitsbedingten Wahnvorstellungen.

Voodoo

Auch Woodoo oder Voudo geschrieben. Afrikanischer Volksglaube, der mit Sklaventransporten nach Amerika kam und alte Kultformen, Magie und christliche Bräuche vermischt. Priesterinnen und Priester werden im Zustand der Trance von einem Gott geritten – ein Medium wird deshalb auch Cavalo, also Pferd genannt. Ein Kult unterster Schichten, der sich in Südamerika in verschiedene Richtungen entwickelt hat und verschiedene Götter kennt: In den USA wird damit auch Schwarze Magie bezeichnet.

Buchtip
Maya Deren: »Der Tanz des Himmels mit der Erde«, Promedia-Verlag, Wien

Wassermann-Zeitalter

Wir haben es schon im Musical »Hair« gehört: Das Zeitalter des Aquarius, des Wassermanns wird unsere Welt verändern! Gemeint ist dies: Die Erde kreist um die Sonne – aber von unserem Planeten aus scheint es, als wandere die Sonne durch die Tierkreiszeichen des Sternenhimmels. Dort gibt es auch Süd und Nord und einen Äquator. Und den durchquert die Sonne am 21. März. Das ist der sogenannte Frühlingspunkt, an dem Tag und Nacht gleich lang sind. Nun verschiebt sich der Frühlingspunkt von Jahr zu Jahr ein Stückchen. Bisher lag er rund 2000 Jahre lang im Sternbild der Fische – jetzt nähert sich das Tierkreiszeichen des Wassermanns. Das ist für die Anhänger der New-Age-Bewegung der Beginn eines neuen Zeitalters, das sich abwendet von der Verherrlichung der Technik und zu neuen Lebensformen führt.

siehe auch **New Age**

Buchtips

Paco Rabanne: »Das Ende unserer Zeit«, Herbig-Verlag, München
Levi: »Das Wassermann-Evangelium«, Hugendubel-Verlag, München

Wiedergeburt

Reinkarnation, wörtlich: Wiederfleischwerdung. Die Seele eines Verstorbenen bekommt einen neuen Körper, lebt in anderer Gestalt weiter, wird also wiedergeboren. Im Hinduismus beispielsweise wird das Fortleben nach dem Tode zur Belohnung oder zur Strafe: Sünden der Gegenwart rächen sich im nächsten Leben – der Mensch wird auf einer niedrigeren Stufe wiedergeboren. Erst der vollkommene Mensch wird erlöst, geht in Nichts (Nirwana) auf. Die tibetischen Buddhisten sind überzeugt, daß ihr Oberhaupt die Wiedergeburt seines Vorgängers ist. Als der 13. Dalai-Lama starb, entdeckten Mönche einen Bauernbuben in einem chinesischen Dorf, in das Visionen sie geführt hatten. Der Bub war, sagten sie nach genauer Prüfung, die Wiedergeburt des Dalai-Lama. Er wurde in diesem Sinne erzogen und ist heute das geachtete Oberhaupt der Tibeter im Exil.

siehe auch **Inkarnation**

Yin und Yang

Im Chinesischen heißt Yin schattig, schattenhaft, dunkel. Yang wird mit klar, hell übersetzt. Das Wortpaar ist zu einem grundlegenden Prinzip fernöstlichen Denkens geworden. Es kennzeichnet die gegensätzlichen Kräfte, die einander ergänzen, erst möglich machen: Mann und Frau, Tag und Nacht, Kälte und Hitze, Süd und Nord. Durch die Wechselwirkung zwischen Yin und Yang entsteht die Lebenskraft. Die traditionelle chinesische Medizin baut ebenfalls auf Yin und Yang auf: Ist die Wechselwirkung zwischen Yin und Yang unterbrochen, treten Gesundheitsstörungen auf, wobei der Energiefluß beispielsweise durch Akupunktur beeinflußt wird. Auch das sogenannte chinesische Schattenboxen baut auf Yin und Yang auf – auf den fließenden Wechsel gegensätzlicher Kräfte. Wie wichtig Yin und Yang sogar in der Politik genommen werden, zeigt die Staatsflagge von Südkorea. Zwei fischartige Gebilde verschmelzen zu einem Kreis: Das ist das Symbol von Yin und Yang. Umgeben wird der Kreis von ganzen und durchbrochenen Strichen: Das sind ebenfalls Yin- und Yang-Symbole, nämlich Orakelzeichen aus dem »Buch der Wandlungen – I Ging«.

siehe auch **Energie**

Buchtips
Sukie Colegrave: »Yin und Yang«, Fischer-Verlag, Frankfurt
Christopher Markert: »Yin Yang«, Goldmann-Verlag, München

Yoga

Einst mußte sich der Schüler einen Yogi, einen Lehrer suchen, der ihn oft erst nach harten Prüfungen einwies in die Kunst des Yoga – heute wird sie schon in Volkshochschulen geübt. Yoga – das Sanskritwort ist verwandt mit unserem Joch und bedeutet offenbar »im guten Sinn angeschirrt sein«: verbunden mit göttlicher Kraft. Für uns im Westen wurden daraus Meditationsmethoden, Übungen zur Konzentration und zur Entspannung, zur Vertiefung und Versenkung, zur Lösung seelischer und körperli-

Yoga-Übungen folgen der Natur, dem Schwung des Astwerks, der Grazie der Tiere. Hier demonstriert von Susi Rieth.

cher Verkrampfungen. Tatsächlich ist Yoga als Philosophie viel komplizierter und wurde von vielen, oft gegensätzlichen religiösen Bewegungen aufgegriffen. Sogar indianische Schamanen werden zuweilen in der Literatur als Yogis bezeichnet.

siehe auch **Meditation**

Adressen
Sivananda Yoga Vedanta Zentren: Steinheilstr. 1, 80333 München, Tel. (089) 524476
Heilbronner Str. 21, 10779 Berlin, Tel. (030) 2115865
Rechte Wienzeile 29, A-1040 Wien, Tel. (0222) 5863453
Centre de Yoga Sivananda Vedanta, 1, Rue des Minoteries, CH-1205 Genève, Tel. (022) 3280328

Buchtips
Gisela Mühlhans: »Glück, Erfolg, Gesundheit mit Yoga«, Mary Hahn-Verlag, München
Swami Vishnu Devananda: »Das große Illustrierte Yoga-Buch«, Aurum-Verlag, Braunschweig
Vishnu Devananda: »Meditation und Mantras. Eine Darstellung der großen Yoga-Systeme in Theorie und Praxis«, Eigenverlag Sivananda Yoga Zentrum, München
André van Lysebeth: »Yoga für Menschen von heute«, Mosaik-Verlag, München
S. Sivananda Sarasvati: »Übungen zu Konzentration und Meditation«, Goldmann-Verlag, München
»Yoga für alle Lebensstufen – in Bildern«, Gräfe und Unzer-Verlag, München
Sue Luby: »Hatha Yoga. Ihr Programm für die Gesundheit«, Ehrenwirth-Verlag, München
Paramhans Swami Maheshwarananda: »Yoga für Gelenke«, Ehrenwirth-Verlag, München
Susi Rieth: »Das Yoga-Lexikon«, Ullstein-Verlag, Berlin
–: »Harmonie-Übungen«, Nymphenburger-Verlag, München
–: »Yoga für Kinder in Märchen erzählt«, Lentz-Verlag, München

Zen

Im Chinesischen heißt chan stille Beschaulichkeit, Betrachtung, Abgeschiedenheit, buddhistische Meditation. Daraus wurde im Japanischen Zen: eine Schule der Meditation, die ungewöhnliche Methoden nutzt – die Versenkung im Lotossitz, die Teezeremonie oder Bogenschießen. Dazu gehört auch das Spiel mit Denkübungen, die alle Logik sprengen. Das Ziel beschreibt das »Lexikon der östlichen Weisheitslehren« so: »Zen ist eine Religion, deren Lehren und Praktiken darauf gerichtet sind, zur Selbstwesensschau und schließlich zum vollen Erwachen (Erleuchtung) hinzuführen.«

Ein Mönch bei einer Zen-Übung mit verschränkten Beinen und kerzengeradem Oberkörper. Karg die Umgebung. Auch das hilft bei der Konzentration.

Buchtips

Philip Kapleau: »Die drei Pfeiler des Zen«, O. W. Barth-Verlag, München

Daisetz T. Suzuki: »Die große Befreiung«, Scherz-Verlag, München

–: »Zen-Geist, Anfänger-Geist«, Theseus-Verlag, Küsnacht und München

Register

Bildnachweis

Angelika von Frankenberg: S. 14
Archiv Autorin: S. 17, S. 68
Museum für erotische Kunst: S. 19, S. 20
Bantam Books: S. 26
Quick: S. 29, S. 32
Thomas Kohnle: S. 30, S. 110, S. 134, S. 136
Ayurveda Clinic, Schweiz: S. 34, S. 35
C. W. Leadbeater: S. 47
Bauer-Verlag: S. 52
Suzie Stöckl: S. 58
Tiepolo: S. 62
Stefan Trux: S. 64
Alfred A. Haase: S. 74
Ariston Verlag: S. 84
Gröning Kreis: S. 87
Presse-Bild Fruhstorf: S. 89, S. 160
Claire Reindl: S. 92, S. 93, S. 102, S. 170
Roger Ressmeyer: S. 103
Ehrenwirth-Verlag: S. 104, S. 105, S. 149
Litta Magnus: S. 120
Sonja Halleday Photographs: S. 131
Frank Schubert: S. 145
Gräfe und Unzer (Klaus Retzner): S. 161
Walter Wegmüller: S. 165
Hans Haas: S. 167
Susi Rieth: S. 182